공직이 그리 만만하더냐

공직이 그리 만만하더냐

초판 1쇄 발행_ 2018년 12월 10일

지은이_ 박경덕
펴낸이_ 이성수
편집_ 황영선, 이경은, 이홍우, 이효주
디자인_ 진혜리
마케팅_ 최정환

펴낸곳_ 올림
주소_ 03186 서울시 종로구 새문안로 92 광화문오피시아 1810호
등록_ 2000년 3월 30일 제300-2000-192호(구:제20-183호)
전화_ 02-720-3131
팩스_ 02-6499-0898
이메일_ pom4u@naver.com
홈페이지_ http://cafe.naver.com/ollimbooks

값_ 15,000원
ISBN 979-11-6262-006-9 03350

이 도서의 국립중앙도서관 출판예정도서목록(CIP)은 서지정보유통지원시스템 홈페이지
(http://seoji.nl.go.kr)와 국가자료공동목록시스템(http://www.nl.go.kr/kolisnet)에서
이용하실 수 있습니다.(CIP제어번호 : CIP2018038148)

꽁지가 그리 만만하더냐

울림

결코 만만하지 않은 공직,

그 세계에 입문하려는 공시생

그리고 이미 공직에 몸담고 있는 후배들을 위해

감히 쓴소리를 올립니다.

이런 공무원도 있구나

내가 그를 처음 만난 건 2013년 늦가을로 기억된다. 원미2동 주민자치위원회에서 〈원미마루〉라는 마을신문을 만들었는데, 발간한 지 3년차가 되어가는 시기였다. 원미2동은 〈원미마루〉의 활동으로 2014년에 부천시 주민자치센터 운영평가에서 우수상을 받게 되었는데, 그것을 축하하는 식사자리에서 처음으로 그와 인사를 나눴다. 까만 뿔테 안경에 차갑게 느껴지는 외모는 '헐렁하지만 사무적인 공무원이겠구나' 그런 인상이었다.

그러나 그 무렵부터 안타깝게도 주민 간 갈등이 심각해졌고 원미마루를 탄생시켜준 동 관계자까지 다른 동으로 전출하면서 마을신문 기자들은 원동력을 잃어 폐간 직전에 놓였다. 그런 어느 날 그는 기자들을 불러 밥까지 사주며 "나를 믿고 같이 해보자"라며 설득시켰다. 자기 일도 아닌데 밥까지 사주며 설득시키는 뭐 저런 공무원이 있나 싶었다. 그날 이후 그는 기자들에게 천군만마가 되어주었다. 신문발간비용이 확보되지 않아 매번 마음고생을 했는데, 예산확보와 더불어 광고수주까지 해결해주셨다. 덕분에 꾸준히 신문을 발간할 수 있었고 전국에서 봉사 대상과 전국주민자치박람회에서 우수상을 수상하는 데 한몫을 했다.

주위 사람들을 놀라게 한 건 이것뿐이 아니다. 그는 주말에도 출근한다. 지역주민을 위해 무엇을 해야 하는지 고민하는 모습과 주민자치 프로그램 수강생 모집안내 전단지를 쇼핑백에 담아 부천시 구석구석을 돌아다니는 그의 모습을 보고 놀라지 않을 수 없었다. 그는 주민자치위원이 스스로 제안을 하고 계획을 세우고 실행하는, 자발적으로 일할 수 있는 능력을 만들어주었다. 관에 기대지 않고 스스로 일어서는 사고로 바꾸어준 것이다. 그가 머무는 곳이면 무에서 유를 창조하는 동이 되었다. 박경덕 팀장은 관행적인 공무원을 바라보는 나의 관점을 확 바꾸어 놓았다.

은퇴 후 전국을 돌아다니며 주민자치 강사로 활동하는 박경덕 전(前) 행정팀장님, 관과 민이 양방향으로 소통하는 방법을 가르쳐주는 주민자치 파수꾼으로 인생 2막을 행복하게 보내고 있는 그를 응원한다.

부천시 원미2동 마을신문 기자

김연순 (시인)

공직자의 자세를 배우다

박경덕 팀장님!

지금은 공직에 계시진 않지만 나의 멘토이다.

2,000여 명의 부천시 공직자 중 이런 분이 계셨구나! 그런 존경심을 갖게 된 때는 2016년 7월 약대동 주민센터의 행정팀장으로 재직할 때였다. 행정팀장으로 주민자치 업무에 대한 연찬도 필요했었는데 -마침 공무원이 책을 쓰기란 쉽지 않을 터인데- 팀장님의 저서 《대한민국 주민자치 실전서》를 읽고 주민자치위원과 단체원들의 참봉사의 의미를 다시 한 번 생각하게 되었다. 덕분에 자주 찾아가서 도움을 요청하고 약대동의 주민자치 활성화를 위한 강의도 요청했었다.

함께 2017년 '지방행정의 달인'을 신청해서 내가 되어 선배님이신 박경덕 멘토에게 부끄럽지만 그의 조언이 없었다면 못 되었을 수도 있을 뻔했다는 생각을 했다. 꼼꼼히 2차 실사 준비 방법과 미리 PT

발표 자료 준비해야 한다는 조언도 아끼지 않았다. 덕분에 '지방행정의 달인'으로 선정되어 1호봉 특별 승급을 했다. 승급이 다는 아니지만 지방행정의 달인에 포함될 수 있어 감사한 마음을 전하고 싶다.

책 내용 중 "어제는 감사, 오늘은 만족, 내일은 희망" 이라는 인생 이모작을 준비하는 마음은 나로 하여금 공직에 임하는 자세를 가다듬게 되는 계기가 되었고 창의적인 공무원이 되기 위해서는 책과 신문을 멀리해서는 안 된다는 글의 내용은 늘 알면서 실천을 못하는 나이기에 공직자의 한 사람으로서 반성하게 된다.

박경덕 멘토님!

부디 담배는 적게 피우시고 건강을 지키세요. 인생 2모작을 시작하는 새로운 삶에 격려와 박수를 보냅니다.

부천시 사회적경제팀장
정미숙 (2017년 지방행정의 달인)

공감할 수 있는 쓴소리에 감사하며

저자와의 인연은 2005년으로 거슬러 올라간다. 저자는 늘 365일이 월요일 같았다. 주말에도 근무하면서도 흐트러짐 없이 업무에 열중하고 있는 모습이 여느 공무원과 달랐다고 할까. 공무원이라면 담당업무와 관련된 법은 마누라처럼 끼고 살아야 하는데 읽고 또 읽고 하는 모습이 인상적이었다. 법해석에 있어 혹시 모를 오차를 줄이는 노하우로 보였다.

- 당신이 평생 가장이지 않은가!
- 단정하고 성실한 자세는 시대를 달리해도 변하지 않는다.
- 공직에 대한 자부심이 없다면 일찍 퇴직하는 게 좋다.
- 그래도 마음을 터놓을 동기가 있으면 공직생활에 온기를 느낄 수 있다.

저자의 주장 중에 내가 기억하고 싶은 몇 가지다.

저자는 공무원을 준비하는 새내기 공무원들에게 응원을 담아 지혜롭게 공무원 생활을 하는 법과 아마도 저자뿐만 아니라 현직 공무원 대다수가 공감할 수 있는 일상에 대한 소개를 통해 자칫 자기계발에 게으를 수 있는 공무원에게 일침의 목소리도 던진다.

막 인생 2막을 연 저자의 만만치 않았던 공직 생활의 애환이 고스란히 녹아 있다. 그리고 공무원이 쉽게 실토하기 힘든 비하인드 스토리와 개혁과 변화를 주문하는 저자의 애정 어린 호소, 일하는 공무원이라면 한두 번은 겪었을 조직에 대한 실망감과 극복 노하우 등을 30년의 공직 생활을 통해 가감 없이 후련하게 쏟아냈다. 만만한(?) 공무원 생활을 위해 답을 찾아야 하는 이들에게 유용한 길잡이가 되리라 확신한다.

부천시 교통운영팀장

김경희 (도시계획학 박사 · 2017년 지방행정의 달인)

공시생과 공직 새내기의 필독서

이 책은 공무원이 되려고 하는 '공시생'과 근무연수가 얼마 안 된 8급, 9급 새내기 공무원에게 권하고 싶다. 이 책을 통해 공직사회의 분위기를 알 수 있고, 어떻게 하면 조직 내에서 인정받고 왕따당하지 않으며 잘 적응할 수 있는지 알 수 있다. 저자는 윗선에 부탁할 줄 모르고 아부도 못한 덕분에 비록 요직은 못 거쳤지만 30년간 거의 대부분을 행정의 최일선에서 다양하게 보고 느낀 바를 가감 없이 서술하고 있다.

공직사회는 보이는 것만이 전부가 아닌 이면의 보이지 않는 메타포 또한 중요하며 내부고객인 직원과 찾아오는 민원인의 마음을 읽을 줄 알아야 친절하게 행정 서비스를 제공할 수 있다. 이 책은 제3자의 눈에 내가 어떻게 비추어지는지, 어떤 일을 해야 경쟁력이 있는지 나아갈 방향성을 제시해 주고 있다.

간단명료하고 올바른 단어 등을 사용하고, 항상 경쟁력을 염두에
두어서 책과 신문을 가까이 하고 업무실적으로 조직에서 인정받아
라, 저녁 9시 뉴스듣기 그리고 '왜' 라는 궁금증을 갖는 것이 당신의
경쟁력을 높여주며, 기왕에 공직에 들어왔으니 흔적을 남겨야 하며,
공무원은 열정이 있으면서 성실하고 참을 줄 아는 사람이면 좋겠다
는 저자의 말에 공감한다.

　공무원 지망생이나 새내기 공무원들이 이 책을 많이 읽어서 올바
른 공직관을 정립하고 공직 사회에 적응하는 데 큰 도움이 되길 바라
며, 앞날에 "잘될 거야!" 라는 희망의 메시지를 전해 드린다.

청주시 청원구청 세무과장

박진호 (제19회 민원봉사대상 수상)

'열린 사고'에 박수를

'봉사'라고 하면 단체나 개인이 어려운 이웃을 돕는 것으로 알고 있었지만 주민자치위원회도 체계적인 계획으로 커뮤니티를 발전시키는 데 보탬이 된다는 새로운 사실에 눈뜨게 되었다. 위원회에 들어가도록 권유하고 지난 4년간 많은 도움을 준 박경덕 팀장님을 만났기 때문이다.

2010년부터 동 주민자치 프로그램에서 기타를 배웠는데 매년 '작품발표회' 때마다 행사계획을 문서로 동에 제출한 것이 인연이 되어 2015년부터 주민자치위원으로 활동하고 있다.

첫 직장에 있을 때 전산실 선배가 이제는 'know how'가 아니고 'know where'라는 말을 했다. 지금은 정말 정보와 자료의 홍수 속에 살면서 보고서를 쓰거나 기안하려면 자료 찾아 헤매고 있는데, 수시로 본인이 힘들게 만든 자료를 각 동에 그리고 전국에 아낌없이 메일로 보내주는 것을 보며 새삼 주민자치 확산을 위해 애쓰는 열린 사고가 존경스럽다. 30년 공직에서 역할을 다하셨고 이제는 인생 2막에서도 끊임없는 학습과 도전을 시작하신다 하니 팀장님의 건강과 가족의 행복을 기원한다.

잘 따랐던 후배로 기억이나 해주셨으면 좋겠다.

부천시 상2동 주민자치위원회 환경복지분과장

이철기

현실에 안주하지 않기를

어느 한 젊은이가 공시생부터 시작하여 공직에 입문한 후 명예퇴직에 이르기까지 많은 이들을 만났다. 젊은 청춘이 왜 공직에만 들어오려고 하는지, 그리고 중간에 그만두는 경우 지나간 청춘은 무엇으로 보상받고 그 안타까움은 어떻게 달랠 것인가. 애초에 공직마인드가 없는 것을 알았다면 청춘의 낭비는 없었을 텐데. 또한 공직에 들어왔으면 보람과 자부심이라는 흔적을 남기면 되는데, 왜 주저하는 이들이 자주 눈에 띄는지 답답했다. 기왕에 공직에 들어왔으면 열심히 일하고 경쟁력을 갖춰 주민과 국민에게 즐거움을 선사하면 되지 않을까. 퇴직 후에는 그 경쟁력을 바탕으로 인생 2막도 개척함과 아울러 자존감을 확보할 수 있으며, 가족에게도 인정받아 즐거운 노후를 보낼 수 있을 텐데도 불구하고 현실에 안주하는 동료들이 안타까웠다.

공직에 입문하여 명예퇴직하기까지 많은 것을 배우고 익히며 때로는 실망과 좌절도 만났다. 대부분의 공직기간을 한직에 있으면서도 의기소침하지 않고 말 그대로 묵묵히 일하여온 발자취다. 꽃에 비유하면 온실화가 아니라 모진 들판에서 비바람도 견뎌내온 야생화의 이야기다.

특히 공직에 처음 입문하려는 사람과 현직에 있는 동료들에게 들려줄 이야기가 있다. 입문하려는 사람에게는 청춘을 바쳐야 하는데 단순히 직업이 필요하다고 해서 들어올 이유는 없다는 것이다. 시험만 통과하면 철밥통이 보장되어 마냥 편안하게 지낼 수 있는 것도 아니다. 공무원은 국민의 안전을 위해 1년 365일 계절 구분 없이 비상근무 자세를 유지해야 한다. 봄과 가을엔 산불대책, 여름에는 수해대책 그리고 눈 내리는 겨울에 −누구는 좋다며 첫눈을 반길 때− 그는 제설작업이라는 설해대책에 몰두해야 한다.

어디 그뿐인가. 내가 피켓 들 때는 몰랐지만 적법한 허가절차에도 불구하고 국민의 눈높이에 어긋난다 하여 누군가 피켓 들며 항의할 때는 공직의 매력은 순식간에 사라진다. 적법 여부를 떠나 무조건 민원을 들어줘야 친절하다고 믿는 세태가 민도(民度)이고 우리의 수준인가 하여 혼란도 겪는다.

입문 후에 다가오는 단어도 만만치 않다. 성실의 의무와 친절의 의무 그리고 품위유지의 의무는 또 어떤가. 배운 대로만 하면 될 것 같지만 현실은 녹록지가 않다. 배운 대로만 한다는 것은 답습한다는 의미와도 상통하기에 그것만으로는 부족하다. 경쟁력과 열정이 없다면 정년퇴직이나 명예퇴직은 언감생심이고 중도에서 하차해야 한다. 젊음을 보낸 후 중년에 중도하차할 경우 사회에서 반겨주지도 않아 결국 젊음만 잃게 되는 것이다. 그러니 공직마인드도 없으면서 공직을 기웃거리는 것은 자신을 위해서도 올바른 선택이 될 수 없다. 사람의 성격이 다양하듯이 직업 또한 다양하니 본인의 적성과 성격 등을 종합적으로 판단할 필요가 있는 이유다.

최근 공무원에 대한 평가는 그리 좋은 편은 아닌 것 같다. 그럼에도 공직을 선호하는 젊은이가 많은 것은 경제의 장기침체가 주요 요인이겠으나 일부에서는 '책임질 일은 기피하고 바람보다도 더 먼저 눕는 공무원'이라거나 공무원의 출산율이 높다 하여 '공무원만 잘 사는 나라'라고 평한다. 선공후사(先公後私)와 멸사봉공(滅私奉公)의 정신으로 똘똘 뭉친 공직인데도 그런 평가를 받는다는 것은 아이러 니라고만 할 수는 없을 것 같다. 권리 찾기보다는 의무 다하기가 우 선되어 국민에게 칭송받는 공직이 많아질 것을 요구받고 있다.

아울러 공무원은 한 개인으로서도 존재하기에 개인의 존재가치도 드높여야 한다. 개인의 가치로는 경쟁력을 들 수 있으며, 국민도 경 쟁력이 있는 공무원을 원한다는 사실을 깊이 새겨둬야 한다. 그런 공 무원은 "그러면 될 겁니다" 대신에 "그렇게 하셔야 됩니다"로 말한 다. 그 경쟁력은 땀과 눈물에서 시작하여 열정으로 활짝 핀다. 땀과 눈물의 뒤안길은 인고의 여정이다. 남이 편히 쉴 때 식견을 넓히고 법령집과 씨름해야 한다. 행정을 연습 삼아 할 수는 없지 않은가. 밤 을 밝혀서라도 최적의 대안을 마련하여야 하며 국민의 안녕을 위하 여 가정사는 늘 뒤로 미룰 수밖에 없는 게 공직이다.

오늘 이 순간에도 불을 밝힌 사무실이 있다. 누군가 오늘의 수고 로 내일을 열고 있다. 예전엔 내가 근무했던 곳이지만 이젠 당신이 근무한다.

공직에 들어온 이상 흔적을 남겨라, 그것이 경쟁력이다.
당신과 내가 공감하는 말이 아닐까.

박경덕

차례

1 공직이 좋기만 할까

4 공직의 희로애락

5 인생 2막 준비하기

1
공직이 좋기만 할까

1장

공무원 시험

시험은 늘 설레게 만든다. 1985년부터 국가직과 경기도 행정직 7급 공채, 경기도 교육위원회 행정직 9급, 경기도 행정직 9급 시험을 치렀다. 그때만 해도 보통 고시공부는 10년, 7급은 2~3년, 9급은 6개월 내지 1년 정도 소요되는 것으로 통했다. 먼저 7급에 도전했다. 3번 응시해서 3번 다 떨어졌다. 마지막 3번째는 커트라인을 살짝 넘어 합격되는 줄 알았는데 결국 낙방이었다. 계속 공부하다보니 매번 부모님에게 용돈을 받기가 여간 거북한 게 아니었다. 7급 공부하는 와중에 경기도 교육위원회 9급 시험을 보게 된 이유이다. 과목이 다른 것은 수학뿐이라 만만했다(7급 공부를 했다는 것은 국어, 한문, 국사, 윤리, 경제원론, 헌법, 행정법, 행정학을 배웠다는 의미이고, 9급 응시에 필요한 과목은 거의 수학 한 과목만 생소하다는 의미임). 딱 1개월 만에 합격했다. 합격했지만 면접은 안 봤다. 당시에 합격자들과 얘기하다보니 교육위원회 행정직의 경우 보통 학교 행정실에 근무하는데 2가지 짜증나는 일이 있다는 말을 들었다.

하나는 학교 교사에 비해 교육행정직 공무원이 대개 가방끈이 짧아 무시를 당한다는 것이다. 다른 하나는 학교에 근무하니 물품구입이나 학교 시설공사가 잦은데, 공정한 회계질서를 지키기가 어렵다는 소문이었다. 하급자가 기안해서 올리면 공정한 검토를 거쳐서 결재가 완료되는 것이 아니라 외부입김이 작용해서 특정업체에게 편의를 제공해야만 지내기가 편하다는 것이다. 그렇게 '편하게 지내다가' 상급기관의 감사에 적발되어 징계를 자주 먹어 승진이나 정년퇴직을 못하는 수도 있다는 부연설명도 있었다.

그 후에도 신문이나 방송에 학교 비위 관련 뉴스를 가끔 접하게 되었다. 물론 요즘에는 그런 뉴스를 들어보기 힘들지만. 하여튼 면접은 불참하고 내가 가장 빨리 볼 수 있는 시험을 확인해보니 9급 시험이 있었다. 국가직이 먼저였는지 경기도 지방직이 먼저였는지는 기억이 정확하지 않다. 만약 국가직이 먼저였다면 떨어졌을 것 같고, 지방직이 먼저였다면 붙었기에 국가직은 쳐다보지도 않은 것 같다. 경기도 9급 공채에 합격하기 위해서 특별히 신경 쓴 과목은 수학이었다. 제일 자신 없는 과목이라 다른 과목은 90점을 넘기기로 하고 수학은 커트라인만 넘기자는 게 내 속마음이었다. 결국 합격했다. 시험과정은 1차는 필기시험이고 2차가 면접이다. 알고 있기로는 1차에서 필요인원의 130%를 뽑고 2차에서 30%를 탈락시킨다는 것이었다. 다 커서 매번 부모님에게 용돈을 받아야 하는 처지라 1차 시험에 통과되었으니 면접이라는 2차 시험마저 통과하고 싶었다. 그래야 다시 한 번 7급에 도전할 수 있다는 걸 염두에 두었다. 2차인 면접시험은 보통 신문이나 뉴스를 보면 어느 정도 해결이 된다는 말을 들었다. 평소 신문은 정기구독하고 있었고 저녁 9시 뉴스는 매번 보고 있어서 다행이지만 마음 한편으로는 무언가 찜찜한 구석이 있었다. 결국 서점의 공무원 수험코너에 가서 면접에 대한 참고서를 샀다. 300페이지 정도 분량이었다. 읽으니까 조금은 시원하기도 하지만 답답한 느낌도 들었다. 활발한 사고 대신 절제된 사고를 요구하는 내용이 많았다. 면접 참고서를 보면서 내 방식대로 면접을 준비했다.

최종 합격통지서를 받고 몇 달 지나 경기도청에서 신규자 교육을 받고 수습으로 시청 하수과에 근무하게 됐다. 그때만 해도 공무원은 인기 있는 직업이 아니었다. 들은 바로는 경기가 좋으면 공무원 시험은 쳐다보지도 않는다고 했다. 경기가 나쁘면 그래도 평생직장이니까 잠시 공무원 시험에 몰리는 거라고. 1988년에 다시 7급 시험을 봤다. 전년도에 비해서 더 점수가 나빴다. 직장 다니니까 공부할 시간도 부족했지만 나태해진 게 제일 큰 요인이었다. 배부르면 눕고 싶다고, 도전의식이 감소된 것이다. 이후 7급은 영영 포기하고 직업공무원으로서의 자세와 역할로 만족했다.

간혹 중복합격자를 만난다. 국가직과 지방직에 같이 합격한 경우다. 7급과 9급을 같이 붙은 경우도 있고 9급만 붙은 경우도 있었다. 보통은 지방직을 먼저 발령받아 근무해보고 국가직으로 가지만 고민하는 경우가 많았다. 그래도 지방직으로 남은 경우는 적었다. 지방직이 집과 가까워서 출퇴근하기가 편하고 생활비도 적게 들어 좋으나 민원업무가 많아 스트레스 또한 많은 탓에 국가직으로 도망(?)가는 경우가 더 많았다. 또한 승진도 유리하다는 점이 매력이라고 느끼는 경우에는 영락없이 국가직을 더 선호했다. 일부는 국가직을 포기하고 출퇴근 편하고 각종 수당이 많은 지방직을 선호하는 이도 있었다. 국가직으로 가도 고시출신과 비고시출신의 한계가 있다는 얘기를 했다(7급은 고시출신이 아니기에 국가직으로 가도 고시출신에게 밀린다고 판단하므로).

내가 9급 시험을 통과했을 때 후에 들은 얘기지만 14대1의 경쟁이었다고 한다. 요즘엔 사회복지직이 30대1 정도이고 행정직은 50대1이 넘는 걸로 알고 있다. 공무원 시험을 준비하는 이들을 통칭 '공시생'이라고 한다. 나는 웬만하면 공무원으로 들어오지 말 것을 권한다. 혈기방장하고 다양한 사고를 가진 능력 있는 젊은이는 공직보다는 사회진출이 좋다. 돈 많이 받는 사기업도 좋고 천체, 해양, 지질, 기후학, 국제기구 또는 철학, 과학, 수학, 인문학 등으로 넓은 시야를 가질 것을 부탁한다. 공직은 요령은 없지만 열정이 있으면서 참을 줄 아는 사람만 오면 좋겠다. 내 경험으로 볼 때 한 젊은이가 공무원 시험만 보면 공무원이 되는 게 아니라 겨우 3분의 1이라는 관문만 통과한 거다. 중간에 근무하면서 겪는 온갖 궂은 일이 3분의 1이며, 정년퇴직이나 명예퇴직하는 과정이 나머지 3분의 1이기 때문이다.

흔히들 시험만 통과하면 평생직장이 보장됐다고 좋아한다. 과연 그럴까? 시험만 붙으면, 상사 말만 잘 들으면 평생직장이 보장될까? 경험으로, 아니다. 공무수행이 그리 만만하지가 않기 때문이다. 우리나라는 삼권분립제를 채택하고 있어서 행정은 법만 집행하면 되니까 적법성만 따지면 되는 것 아니냐고 반문할지 모르겠다. 최근의 사례 2가지를 보자. 경상도 어디에 사드를 배치할 때 법을 준수하지 않아서 주민이 진입을 허용할 수 없다는 등 한참 말이 많았을까? 탈원전을 추구하면서 법 규정이 없어서 공론화위원회가 등장했을까? 최근엔 이런 갈등과 갈등에 따른 조정업무가 점차 늘고 있다. 지자체 사례를 하나 더 들어보자. 큰길가에 호텔을 지으려고 하는데 건축주는 이미 법률검토를 끝냈으며 허가받는 데 지장 없다는 자문도 건축사에게 받았다. 어느 날부터 동네 주민들이 피켓을 들고 러브호텔이 웬 말이냐고 시위할 때. 담당 공무원은 각종 법률 검토와 확인을 거쳐서 이상이 없는 것을 최종 확인했다. 허가하려는 찰나에 그런 시위로 행정집행이 제대로 안 될 경우 건축주는 이미 적법한 허가가 날 것으로 알고 있어서 여러 가지 계약을 마쳤다. 담당 공무원에게 빨리 허가해달라고 독촉하는 경우 당신이 담당이라면 어찌 해야 하나? 한마디로 미칠 지경 아닐까? 이런 일들을 처리하는 게 공직이다. 편안히 월급 받는 직업이 아니라는 얘기다. 이런 중간과정을 단련기라고 한다면 요행수를 바라볼 수는 없다. 시험 통과 후 부단한 업무연찬이 필요한 이유이다.

업무연찬은 각종 교육도 있으나 신문과 책이 가장 좋다. 결국 신문과 책을 가까이 해야 업무실력이 붙는다. 신문과 뉴스에서도 보고 듣는다. 공무원의 음주사고, 뇌물 그리고 업체와의 결탁 또는 정권이 바뀌어 지난 정권에서 추진했던 국책사업이 정권이 바뀌어 적폐로 몰려 담당자가 험한 꼴을 당하는 경우도 있다. 이런 여러 가지 사유로 힘들게 들어온 공직이건만 퇴직할 때는 무사히 퇴직하기가 어렵다. 중간에 그만두게 되는 경우가 있기 때문이다. 스스로 그만두겠다는 경우는 그나마 다행이다. 그렇지 않은 경우 파면이나 구속을 당할 수도 있다. 공직 말년에 공로연수나 명퇴(명예퇴직) 또는 정퇴(정년퇴직) 중에 택일하는 경우는 진짜 행복한 경우다. 그래도 공직이 좋다고 생각한다면 퇴직하기 전에 흔적을 남기라고 주문하고 싶다. 들어와서 월급만 받지 말고, 내가 근무해서 무슨 일을 남겼다는 실적을 남기고 퇴직할 것을 주문한다.

나는 이 책을 가급적이면 남자들이 많이 읽었으면 좋겠다. 예전엔 군가산점이 있어서 시험을 보면 그래도 남자들이 많았다. 그 가산점이 없어지면서 공직에 여성들이 물밀듯이 들어왔다. 사무실 분위기가 다소 부드러워졌지만 천직이라는 생각과 평생직업이라는 의식은 다소 줄어든 것 같아 공직에 입문하려는 사람에게 인터넷 사이트 하나를 소개한다. 인터넷 검색창에 'korea.kr'을 입력하면 정책브리핑이라는 사이트를 만나게 된다. 상단 메뉴 중에 '일자리정보'에 가면 눈길을 끄는 자료가 있다. '시험정보'와 '합격수기'가 압권이다. 시험정보는 합격자들이 어떻게 공부했다는 기초자료이고, 합격수기는 말 그대로 이런 나도 합격했다는 것인데, 그중 '인기글'을 방문하면 참으로 대단하다는 것을 느끼게 된다.

공직 2차 관문, 면접 이야기

1987년 어느 달에 경기도청에 가서 면접을 봤다. 나를 담당한 면접관은 대략 50대의 남자로 동네 아저씨 같았다. 대기하다보니 옆에 나와 같은 입장인 사람이 몇몇 있었다. 치마가 조금 짧으면서 손톱에 색깔 입힌 여자와 정장차림과는 동떨어진 찢어진 청바지를 입은 남자가 눈에 들어왔다. 내 차례가 왔다. 1대1 면접으로 기억한다. 50대 중반으로 양복을 있었지만 상대를 압도하거나 면접관이라는 위엄을 보이기보다는 편안하고 부드러운 삼촌처럼 보였다. 그러나 그가 던진 질문은 단순하지만 예리했다. 먼저 애국가를 아냐고 물었다. 알고 있다고 하니까 그럼 불러보든지 아니면 읊어보라고 주문했다. 읊으면서 노래도 슬쩍 부르면서 2절까지 부르는데 중간에서 됐다고 했다(휴~, 사실 4절까지는 다 읊을 자신이 없었는데 다행이었다). 다음은 우리나라에서 88올림픽이 개최되는 걸 알고 있냐는 질문에 "예 알고 있습니다." 말했더니 그럼 88올림픽의 의의를 말해보라는 말에 순간 당황했다. 길게 말해야 하는지 아니면 짧게 말해야 하는지. 잠시 생각을 정리했다. 내 답변이었다. "대내적으로는 국민통합의 계기가 되며, 대외적으로는 국위선양으로 선진국 대열에 진입할 수 있는 기회입니다." 몇 가지 질문과 답변이 더 이어졌으나 굵직한 2가지 질문에 잘 대응하여 공무원이 된 것으로 알고 있다. 지금 생각해봐도 88올림픽에 대한 답변은 잘했다고 생각한다. 평소에 신문 본 덕을 단단히 봤다. 매일 신문에서 기사나 사설을 읽었으니까 가능한 답변이었다고 생각되어 지금도 신문과 책을 가까이 하고 있다. 내 경우에는 1차 시험을 통과한 후에 서점에 가서 공무원 면접서를 구입하여 자세와 말씨 그리고 일반상식 등에 대한 지식을 쌓은 게 효과를 봤다.

공직에 들어와서도 알게 되었지만 청바지를 입거나 이상한 신발을 신은 남자와 손톱에 짙은 매니큐어를 칠하거나 짧은 미니스커트를 입은 여자는 후한 점수를 받지 못한다. 단정하고 성실한 자세는 시대가 달라져도 변하지 않을 것 같다. 경제가 어려우면 공무원시험 경쟁률이 올라가고, 경제가 잘 돌아가면 떨어진다는 말이 있다. 나도 취업전선에 내몰려서 공직에 있게 된 것을 부인하지는 않지만, 경제와 공무원시험과의 관계는 상관없으면 좋겠다는 생각을 하곤 한다.

몇 달 후 초여름에 공직의 첫발을 내디뎠다. 부천시 하수행정과 하수행정팀 '서기보수습'이라는 직급을 받았다. 서기보는 9급을 말한다. 수습은 9급 정식 발령 전에 수습기간을 둔다는 말이니, 결국 9급 정식발령 받기 전의 수습기간 중에 있는 공무원이라는 뜻이다.

내 집에 공무원이 있다면

    몇 년 전에 어느 동(洞) 자생단체 여성회원을 우연히 만났다. "우리 딸도 공무원 됐어요. 지금 00동에 근무합니다. 팀장님 나중에라도 잘 좀 부탁합니다." 반가운 소식이었다. 공무원 시험공부를 하고 있다는 얘기를 들었는데, 이제 합격해서 현직에 근무한다니 더없이 반가웠다. 공부하면서 많은 갈등을 겪고 마음고생 또한 컸으리라. 사실 공시생 생활을 시작하면서 경쟁률을 알고는 중도에 그만두는 사람들이 많다. 아예 도전할 엄두도 못 내는 사람도 많고. 30대 1이라거나 50대 1 이상이라는 경쟁률을 듣고는 공부할 마음이 생기지 않는다고 포기하곤 한다.

    그 여성회원은 동 주민센터의 자생단체 활동을 하면서 가끔 농담 반 진담 반으로 "공무원들은 일을 슬슬 해도 월급은 꼬박꼬박 나오니 좋은 직장엘 다니는 것 같다"는 말을 자주 했다. 주민센터는 주민과의 최접점으로, 방문하는 주민 맞이하면서 시간을 보내고 단체원과 이런저런 활동에 대한 이야기를 하다보면 시간이 금방 흘러간다. 각종 행사와 교육에 참여하고 여러 가지 공문서를 작성하노라면 하루가 금방 간다. 최근에는 워라밸이라 하여 직장에서도 일과 개인의 삶 사이의 균형을 중요시하는 추세여서 예전과 달리 야근(초과근무)하는 것을 좋아하는 직원들은 별로 없다. 그날 그 여성회원에게 딸은 요즘 저녁 6시면 퇴근하느냐고 물었다. 당연히 아니란다. 어떤 날은 문서 작성하느라 늦고 어느 때는 비상근무해야 한다고 늦게 귀가하게 되어 걱정 말라는 전화도 온다며, 공무원이 보기보다는 일이 많고 힘든 것 같다고 말했다.

간혹 약속이 있어 음식점에 갈 때 우연히 고위 공무원이 구속되었다거나 하는 뉴스가 나오는 경우 어김없이 공무원이 안주감으로 등장한다. '공무원은 책임질 일은 기피하고 바람보다 먼저 눕는다'는 것이 사람들의 평가다. 그래도 공무원에게 부탁할 일 있으면 남보다 먼저 다가간다. 그렇지 않거나 집안에 공무원이 없는 사람이라면 그가 내리는 공무원에 대한 평가는 가혹하다. 세금낭비의 원흉이라는 소리도 감수해야 한다. 물론 집안에 공무원이 있다면 그런 몰상식한 평가는 받지 않는다. 결국 이 경우에도 내로남불이라 생각하니 씁쓸하다.

'사건 뒤에 여자 있고 사고 뒤에 공무원 있다'는 말이 있다. 경찰에서 다루는 각종 사건을 해결하다보면 여자와 연관된 사건이 많다는 말이며, 사회에서 일어나는 각종 사고에는 일차적으로 당사자의 책임이 있지만 결국 각종 인허가와 단속권을 쥐고 있는 공무원에게 그 책임을 묻는다는 말이다. 성수대교 사건이 대표적이라 할 수 있다. 민간에서 지은 다리이지만 관리는 행정관청이 하니, 안전에 대해서는 최종적으로 공무원이 책임져야 한다. 생활에서도 일어난다. 소방점검 받은 지 며칠 만에 화재가 발생하여 조사해보니 스프링클러가 작동하지 않았다는 게 나중에 자주 밝혀진다. 결국 소방점검 나간 공무원은 그 책임에서 자유로울 수가 없다. 사고공화국이건 공무원 인원부족 공화국이건 간에 최종 책임은 행정관청에 있다. 그런 사후약방문격인 사고에 대한 책임보다 더 중요한 것은 사고예방일 것이다. 그런데 사전에 시설보강이나 인원충원을 요청하면 번번이 사업순위에서 밀리거나 면밀한 검토가 필요해서 아직 반영할 수 없다고 결론이 나는 경우를 자주 본다. 점검대상은 많고, 보강할 예산은 반영되지 않으며, 점검반의 인원은 적으니 한계가 항시 존재한다. 늘 "오늘 하루도 무사히!"가 운전자의 몫만은 아닌 이유다. 대책에 대한 예산은 없고 책임만 있다. 존재하는 한계 때문에 사고가 난다는 말이며, 그 한계로 인해 감당해야 할 공직은 늘 불안하다. "내가 안 당하면 되는 것 아닌가" 반문한다면 "누군 당하고 싶어서 당할까" 라는 말을 들려주고 싶다. 참고로 공무원은 내 집에 수해(水害)가 났어도 모른 척하고 근무지에서 수해난 주민의 집에 달려가야 하는 사람이라는 것을 밝힌다.

결국 국가나 지자체의 예산에서 퍼주는 예산을 줄이고 안전예산을 늘리는 수밖에는 없다. 나는 퍼주겠다는 공약을 내놓는 후보자를 좋아하지 않는다. 제 돈이면 그리 퍼줄까. 세금은 눈먼 돈이고 남의 돈이니 퍼주겠다는 얄팍한 상술이라 그리 믿음이 가지 않는다. 아예 퍼주겠다는 공약마다 당선시 당선자의 월급의 몇 %를 예산에 의무 반영하는 제도가 있기를 바란다.

이외에도 공직에 들어오면 이상한 현상을 자주 보게 된다. 우선 공무원 인원수를 보면 같은 규모의 동 주민센터라도 공무원 숫자가 다르다. 어느 동은 11명이고 또 다른 동은 9명인 경우도 있다. 서울특별시와 경기도의 인구와 공무원 인원수도 따져보면 불합리하다. 2018년 8월 1일 자 중부일보에 따르면 경기도는 인구와 경제규모는 전국에서 1등이다. 서울이 2위라는 얘기다. 내용을 간략히 밝히면 다음과 같다.

경기도의 인구는 2017년 말에는 1천287만 명으로 1천300만 명 고지를 눈앞에 두고 있다. 반면 서울시는 2017년에는 986만 명으로 1천만 명 밑으로 떨어진 상태다. 경제규모를 나타내는 지표인 지역내총생산(GRDP)에서도 2015년 기준 경기도는 350조9천630억 원, 서울시는 345조1천380억 원으로 경기도가 서울시를 앞질렀다. 또한 행정기구 규정상 서울시장은 장관, 경기도지사는 차관급이며, 이하 행정조직 직급도 마찬가지다. 단체장을 제외한 3급 이상 행정조직 직급도 마찬가지다. 서울시는 차관급 3명·1급 8명·2급 19명·3급 10명의 고위공무원단으로 구성돼 있는 반면, 경기도는 1급 4명·2급 4명·3급 6명에 불과한 실정이다. 1991년 5월 31일 제정·공포된 '서울특별시 행정특례에 관한 법률'에 의해 '수도로서 특수한 지위'를 보장받았기 때문에 같은 광역단체이지만 경기도와 서울시의 격차가 발생하는 근본적 이유는 수도로서의 지위에서 기인하는 것이다.

다음으로는 인사발령에 대해서 눈을 뜨게 된다. 열심히 일했다고 다 영전과 승진이 되지 않는 것에 대하여 혼란을 겪게 된다. 대체로

8급에서 7급 사이에 있는 경우 '그 혼란'을 만나게 되어 요직과 한직에 대해 고민하게 되나, 결국 직업공무원이 무엇인지에 대한 생각을 정립하게 되면 마음고생에서 벗어날 수 있다.

내가 담당하는 업무의 양이 적정한지 또는 타인의 업무는 너무 적은 게 아닌지 의구심을 갖게 된다. 누군가 말했다. 설령 신(神)이 지상에 내려와도 업무의 적정량과 월급의 적정액은 정할 수 없을 것이라고. 나는 늘 업무에 시달려서 저녁 늦게 퇴근하는데, 옆 사람은 근무시간에 일하는 둥 마는 둥 하면서도 칼퇴근할 때 열 받으면서 느끼게 된다. 주로 7급 때 자주 느끼게 되는데, 신통약은 없다. 다만 단련받다보면 담금질이 되어 내공이 상당해져서 자신감과 자부심이 생기게 되는데, 그것이 반대급부라면 좋은 게 아닐까 싶다.

공직에 성과상여금제도가 시행된 것은 2000년경이다. 열심히 일하는 분위기를 만들기 위해서 시행했다. 최고등급인 S부터 중간등급인 A와 최하인 B등급으로 구분한다. 그런데 이것 또한 뒷말이 많다. 모두들 열심히 일했다는 사람만 있다. 결국 직원을 상중하로 구분할 수밖에 없으며, 받는 금액 또한 차이가 나니 같은 사무실에 근무하는 직원 간에 칸막이가 쳐지게 된다. 부서장인 과장이나 동장은 누구를 좋아하고 나는 싫어하나 봐. 사람 미치는 얘기다. 누굴 좋아하고 싫어할까. 굳이 얘기하면 누구는 일을 맡겨도 믿음이 가지만 누구는 믿음이 덜 가는 경우는 있다. 그런 여건 하에 직원 간에도 능력 차이는 있기 마련이며, 제도상 각 등급별 범위가 있으니 부서장 또한 자유재량이 없다. 그래도 받은 처우가 부당하다면 이의신청으로 처리하고 그 이후로는 스스로의 경쟁력을 키워서 믿음을 주는 직원이 되기를 바란다. 성과는 열심히 일하면 따라오기 마련이다.

일을 하면 성과나 실패가 있기 마련이다. 성과는 보통 연말 평가로 인정받기도 하지만 중앙부처에서 주관하는 시책사업인 경우 해당 기간이 지나서 평가한다. 이때 우수한 평가를 받는 경우 기분이 좋아진다. 덤으로 따라오는 시상금이나 해외연수가 있다면 더욱 좋다. 개인표창이나 상금이 부상으로 생기는 날에는 그날 저녁 술값도 즐겁게 낸다. 표창규정을 보면 도지사 이상의 표창을 받은 경우 나중에 징계를 받게 될 경우 감경해준다. 공무원에게는 그래서 표창이 매력 있다. 일종의 보험이라고 보면 된다. 다음에 징계 먹어도 표창 때문에 징계를 안 먹는다. 흐뭇하지는 않지만 마음은 든든하다. 도지사 이상 표창이 없는 동료에게 물어보면 안다. 든든한 이유를.

실패사례는 달갑지 않다. 실패에서도 배운다고 하지만 그건 교과서 애기고, 공직에서의 실패는 그 후유증이 대단하다. 최악은 구속과 연금 반토막이다. 3개월 감봉이나 구상권 청구 같은 것도 기다리고 있다. 그런 무지막지한 경우는 아니더라도 실패한 사례에 대한 기록은 누구나 싫어한다. 실패사례 내지는 실패백서가 존재하는 지자체는 내공이 상당한 지역이다. 실패까지는 아니지만 각종 감사에 지적받는 경우가 있다. 주의 내지는 훈계가 대부분이나 간혹 추징이나 견책 등도 발생한다. 감사에서 지적받았다는 것은 당연히 해야 할 것을 안 했다는 의미이니, 이는 업무담당자로서 자질을 의심받는 것일 수도 있다. 업무담당자라면 당연히 제 업무에 능통해야 한다. 물론 업무량이 많아서 또는 일한 바가 남들에 비할 바가 아니어서 미처 잔잔한 마무리를 소홀히 한 경우도 있겠으나 어찌되었건 감사에서 지적받는다는 것은 유쾌한 일은 아니다. 경쟁력이라는 단어는 사전에만 있어야 할 단어는 아니며 공직의 실천을 부단히 요구한다.

공직에 입문하면서부터 상사와 동료를 만난다. 내 경우 상사건 부하직원이건 동료이건 불문하고 사람을 3부류로 나눈다. 단순하게 상중하. 공직에 있으니까 성품도 훌륭하고 실력(또는 내공)도 있으면 상, 중간이면 중, 그 아래면 하. 이렇게 분류한다. 그러다보니 성품은 훌륭하지만 실력은 보통인 경우와 성품은 보통이지만 실력은 상인 경우가 있는데, 이때는 그냥 상이라고 후하게 평가한다. 업무에 대한 실력이나 내공은 파악이 쉽다. 성품은 단기간에 파악하기가 곤란하다. 최소 6개월 내지 1년이 지나야 가능하다. 그리고 말이 성품이지, 그 성품에도 단어가 수없이 동원된다. 성실하다, 신뢰가 간다, 속을 안 보여준다, 날카롭다, 비열한 면이 있다, 야비하다, 뒤통수친다, 잘난 척한다, 겉과 속이 다르다, 아부성이 남다르다, 상사에게는 순종하고 부하에게는 폭군이다, 일은 직원이 하고 상은 상사가 받는다 등으로 상사를 표현하는데, 훌륭한 상사부터 비열한 상사까지 있어 어찌 공무원 세계가 그런가 하고 의아해진다. 민간부문이건 공직부문이건 간에 어디에나 있지 않을까. 혼란스러울 때 당신은 나중에 어떤 상사로 기록되고 싶은지를 생각해보길 권한다. 또 상사 대신 부하를 대체시켜보는 것도 의아함을 벗어날 수 있는 방안이기도 하다.

이런 과정을 거치면서 젊음은 성장한다. 그것이 성장통이라는 것을 알게 되는 시절이 7급이다. 비로소 나만의 '상품'을 추구한다. 경쟁력 있는 공무원이 되자고 다짐하며, 어렴풋이 인생 2막에 대하여 큰 그림도 그려보고 싶은 때다. 내 가장의 역할을 2막에서까지 해야 한다면 무슨 자격증이 필요하고 지금 가지고 있는 재산으로 내 노후를 지켜낼 수 있는지. 경쟁력을 구비한 경우와 그렇지 않은 경우로 인생 1막을 마감하면 다가오는 인생 2막은 확연히 구분된다. 그때는 알게 된다.

모든 게 다 남의 탓이 아니라 내 탓이라는 것을.

내가 하기 나름이었다는 것을, 조금이라도 일찍 알게 되기를 바란다.

공무원의 고객

공무원에게도 고객이 있을까. 정답은, 있다. 아니, 애초부터 있었는데 행정의 일방통행 문화에 젖어 민원인을 고객으로 생각하지 않았을 뿐이다. 고객은 두 가지로 나눌 수 있다. 내부고객과 외부고객이다. 내부고객이라는 말에 '웬 내부고객?' 하고 반문할지 모르겠다. 먼저 내부고객인 동료를 구분해보자.

좋은 동료로는 착한 사람, 성실한 사람과 능력 있는 사람으로 나눌 수 있겠다. 착한 사람은 인상도 좋다. 마음이 선량하기 때문에 남에게 거부감도 없다. 얼굴만 봐도 '아, 참 선량한 사람이다' 하는 느낌을 준다. 흠이라면 남에게 이용을 잘 당하는 편인데, 이용당하면서도 싫은 내색이 없으니 마냥 바보 같다. 착한 사람 가운데 간혹 업무능력이 떨어지는 경우도 있는데, 황소걸음으로 업무에 정진하면 해결된다. 성실한 사람은 자기관리를 잘하는 편이다. 남보다 조금 일찍 출근하며 업무를 성실하게 처리한다. 일이 많아도 불평도 없으며, 늦은 퇴근도 마다하지 않는다. 업무에도 빈틈이 없어 상사가 좋아하는 타입이다. 능력 있는 사람은 다르다. 제 업무에서 '이 정도면 되겠지' 하지를 않는다. 업무에 깊숙이 들어가서 제 나름의 일가견을 구축한다. 전문가 스타일로, 돋보이는 존재다. 흠이라면 자만하거나 거만한 경우가 있을 수 있다. 고전을 읽거나 경청 또는 배려 등의 마음자세를 스스로 체크하면 좋다. 사회는 여럿이 모인 곳이지 혼자만의 장소는 아니다. 아울러 독불장군은 누구나 좋아하지 않는다는 것을 명심해야 한다. 우리가 배우는 목적은 내가 잘 먹고 잘 살기 위해서가 아니다. 남과 더불어 잘 먹고 잘 살기 위해서라는 것을 나도 최근에야 알았다. 결국 배움은 내가 갖기 위해서가 아니라 남에게 베풀기 위해서라는 것을 기억하자.

우리가 대화하면서 "저 사람은 학력은 좋은데 일은 잘 못해"라거나 "저 사람은 학력은 별로인데 일은 잘해"라는 말을 주고받는 경우가 있다. 결국 '일머리'와 '공부머리'가 일치하는 경우가 드물다는 얘기다. 다시 말하면 공부를 잘했다고 해서 나중에 사회에서도 일을 잘한다는 보장이 없다는 말로, 경험해보면 실감한다. 공부머리는 착한 사람에게서 자주 보고, 일머리는 성실한 사람이나 능력 있는 사람에게서 자주 목격하게 된다. 공부머리는 좋지만 일머리가 부족한 경우라면 꾸준한 적응 노력과 신문과 책을 활용해서 간접경험이나 지식을 쌓으면 극복이 가능하다.

나쁜 동료도 있다. 같은 공직인데, 무슨 나쁜 동료가 있다는 얘긴가 반문할지 모르겠다. 실제로 있다. 나쁜 동료로는 불평을 입에 달고 있는 자, 까칠한 자, 3연(학연, 혈연, 지연)에 기대는 자, 시기와 질투에 능한 자, 도와주지는 않을망정 태클을 거는 자, 남의 실적을 가로채려는 자, 상사에게 아부하고 부하직원을 못살게 구는 자, 권리는 제가 누리고 책임은 부하에게 넘기는 자가 있다. 다행히 시기와 질투에 능숙한 자는 업무가 미숙하여 각종 사고유발에 능하다. 이들의 공통점은 서류에 그 흔적을 남기지 않는다. 칭찬과 인정에 인색하며, 남이 잘하면 나도 그 자리에 있으면 할 수 있다고 말하며, 제 잘못은 "일을 하다보면 그럴 수도 있다"고 발뺌한다. 가까이 하기에는 너무 먼 당신이다. 이들과 가까이하면 화를 당하기 십상이다. 그저 본인 업무에 충실하면서 좌고우면하지 않고 내공을 더 쌓는 게 좋다. 당신은 직업공무원이니까.

나쁜 동료 때문에 피해보는 경우에는 각종 제도나 시스템을 이용할 것을 권한다. 부정에 동참할 것을 종용당하면 감사부서에 신고하면 −접수받은 감사부서도 못 믿을 부서로 생각되면, 상급기관의 감사부서− 되고, 부정한 압력을 받는다면 메모나 녹음할 것을 권한다. 그리고 요직을 너무 좋아하는 편이라면 직업공무원이 무엇인지를 다시 한 번 공부할 것을 권한다. 요직 좋아하다 망가지는 경우도 제법 있다. 요직만이 공직은 아니다. 오히려 한직에 있을 때 내공을 키울 좋은 기회일 수 있다.

외부고객은 나를 찾아오는 민원인이다. 예전에는 공무원이 찾아온 민원인에게 이러저러한 내용을 설명해주면 고맙다며 인사하고 갔다. 요즘에도 그럴까. 천만의 말씀, 만만의 콩떡이다. 어림없다는 얘기다. 가장 고약한 외부고객은 폭력과 폭언을 일삼는 자다. 최근 각종 민원매뉴얼이 있어 어느 정도 대처가 가능하지만, 신문이나 방송에 간간이 사건사고로 소개되는 경우를 보면 질이 아주 불량하다. 민원실 여직원에게 느닷없이 폭행을 가하는가 하면 짧은 머리와 문신을 자랑하며 교도소 경력을 자랑하기도 한다. 물론 폭언도 불사한다. 최악의 외부고객이다. 한 단계 아래로는 부당한 이익을 얻기 위해 고의적으로 악성 민원을 자주 제기하는 블랙컨슈머(black consumer)가 있다. 주로 인터넷 민원접수를 즐긴다. 똑같은 민원 1건을 가지고 사방팔방에 민원 넣는 것을 생활의 신조로 삼는다. 1회로만 그칠까. 생활의 신조이기에 1회로만 그치지도 않는다. 아예 담당 공무원의 진을 빼놓을 정도다. 심하면 담당자 성명을 기재한 채 욕설도 마다하지 않는다. 과거에는 상사가 잘 좀 하라는 말만 했지만 요즘에는 악질 민원에 대해서는 상사도 공동으로 대처한다. 다음으로는 가장 보편적인 단골손님이다. 술 먹고 오는 민원인. 우리나라 사람은 태초 이래 선량하고 순한 사람이라 불만 있어도 잘 참았었나 보다. 근래에 공권력이 폭행당하고 만만해 보이다보니 술도 안 먹고 관공서에서 큰소리치는 경우도 있으나 소시민인 경우에는 '한잔'하고 온다. "내가 누군데" 부터 시작한다. 시장이나 장관이 나랑 어떤 사이인지 아냐고 한참 떠들다가 술이 깨면 올 때와 달리 점잖게 나간다. 당하는 공무원 입장에서는 징그럽기도 하지만 왜 참아야만 하는지 공직에 회의를 느끼게 된다. 요즘에는 악질 민원인에게는 민형사상 책임을 묻는 경우도 있어 다행이다.

어찌 되었건 외부고객에게 공통으로 느끼는 것은 선거 후 당선된 단체장이 내건 구호(슬로건)가 빌미인 경우가 많다. 대부분 청사 앞에 걸어두고 있다. '시민이 시장입니다', '군민을 하늘처럼 모시겠습니다'와 같은 구호(슬로건)는 사라져야 한다. 어법에도 맞지 않으며 다분히 표를 의식하는 것이기 때문이다. 막말로 시민이 시장이라면 시민마다 전용차와 기사도 제공해야 하며, 월급도 줘야 한다. 사무 실 제공은 기본이고. 실제로는 그렇게 하지 않는다. 그러면서 시민 이 시장이라고 하는 것은 장난치는 거다. 물론 먹는 걸 가지고 장난 치는 건 아니라 그나마 다행이지만, 구호(슬로건)는 말의 장난이 아 니라 전체의 방향을 설정해서 다 같이 가는 목표이면 족하다. 더욱이 표는 성실의 바탕 위에서 실적으로 받아야지, 선동이나 감성을 현혹 해서 얻는 게 아니다.

공무원과 대인관계

대인관계는 어렵다. 업무에 중심을 잡으면서 서로 존중하는 대인관계라면 교과서처럼 하면 되지만 현실에서는 교과서가 잘 먹히지 않을 때도 많다. 우선 대인관계에서 빼놓을 수 없는 것이 담배와 술이다.

아래는 조선일보 2012년 4월 26일 자, '개항 밀물 속에 외제 담배 몰려와… 한 해 담배 값 절반이면 학교 지어' 제하의 기사 일부 내용이다.

1901년 5월에는 지금의 중구 사동에 외국인이 동양연초회사를 설립했으며, 중국 상하이에 공장을 두었던 영미연초회사(The British American Tabaco Company)가 1908년 3월 인천에서도 담배를 생산했다. 이런 결과로 한때 전국에서 가장 많이 담배를 피우는 도시였다. 120년 전이나 지금이나 인천은 담배와의 인연을 떼려야 뗄 수 없는 도시가 되었다.

말도 많고 탈도 많은 담배다. 담배를 끊지 못하는 사람은 "담배가 스트레스 해소에 좋다"고 말하지만 의학적으로는 그렇지 않은 것도 알고 있고, 단번에 끊어야 성공할 확률이 높다는 것도 알고 있다. 그럼에도 금연이 안 되는 것은 의지가 흔들리는 경우와 장기간의 스트레스 해소책에 대한 실천이 부족하기 때문이다. 사실 여간 어려운 게 아니다. 남자의 경우 담배와 술을 끊으면 대인관계도 끊어지는 것처럼 여기는 경우가 많다. 담배의 해악을 알면서도 끊지 못하는 입장으로서는 참으로 난감하다. 간혹 글 쓰는 이들이나 생각을 많이 하는 사람 중에서는 담배를 피워야 글이 써지고 생각이 정리된다고 하는 경우도 있다. 담배연기를 좋아하는 경우도 있지만 싫어하는 사람도 있으니 사적인 영역인지 여부를 가리면서 금연의 노력은 계속되어야 할 것이다. 담배 역사가 200년 또는 2000년이 된 것도 아니니 꼭 담배가 필요한 물품은 아닐 것이므로 하루빨리 담배는 대인관계와 무관하다는 연구결과가 있기를 기다린다.

"남자가 술 한 잔도 못해." 아주 귀하게 듣는 얘기다. 그 '술 한 잔도 못하는' 남자 동료 2명이 있었다. 공교롭게도 술만 못하는 게 아니라 담배도 못한다. 간혹 남자가 뭐 그러냐고 핀잔을 주면 마지못해 뻐끔 담배를 한두 번 하고는 버린다. 한 사람은 증세가 심하다. 박카스만 먹어도 취한다. 그래도 다행인 것은 담배 피는 사람과 간혹 섞여 있으면서도 얘기에 참여한다. 남들은 담배연기에 질색하는데도. 그런 이유는 애연가들이 담배만 피우는 게 아니라 주고받는 몇 마디 이야기의 내용이 요긴하기 때문이다. 술 한 잔도 못하는 그들이지만 다행히 음주가무에서 음주는 빼고 가무는 좋아한다. 간혹 노래방에 가면 술도 안 먹었으면서 노래는 술 먹은 이보다 잘한다. 이런 열정(?)을 인정받아 술자리에 합석할 때도 미움을 받지 않는다.

　대개 술은 기분 좋을 때 먹어야 친구가 되지 그렇지 않은 경우 '웬수'가 된다. 술 먹는 사람치고 에피소드 없는 경우가 없다. 내 경우만 해도 '술로 인한 사고'가 여럿 있다. 직진방향인데 빙빙 돌아가는 택시를 탄 적도 있으며, 점퍼 분실 등 헤아릴 수가 없다. 그럼에도 술을 끊지 못하고 있으나 항상 주량이 넘는지 경계하는 버릇이 생겨 그나마 다행으로 여기고 있다. 나는 애초에 운전면허증을 따지도 않았지만 요즘에는 음주운전 폐해가 심심찮다. 최근에는 음주운전으로 1회만 적발되어도 중징계를 하는 지자체도 있다. 내 나름의 노하우로는 음주 1차 회식에서 2차로 옮길 때 맨 뒤에 있다가 다들 2차 장소에 들어갈 때 슬쩍 집으로 직행하는 방법이 있다. 조금은 체면이 깎인다고 할 수 있으나 두어 번 실천하여 여러 사람에게 인식되면 별 무리 없이 통하는 수법이다. 단, 집에 가기 전에 모임의 리더에게만은 문자를 보내주면 뒤탈이 없다.

　담배와 술이 남자에게는 대인관계의 소통창구라고 한다면 유지할 수밖에 없지만 최소화시키는 나만의 방법을 따로 강구할 필요가 있다. 담배와 술이 집사람들이 가장 싫어하는 대인관계 방법이라면, 취미와 특기는 남녀를 구분하지 않고 환영받는다. 전문직이라면 몰라도 일반 행정직이라면 취미와 특기는 필수다. 전문직은 퇴직을 해도 특기를 발휘해서 인생 2막이 순탄하다. 일반 행정직은 현직에 있을 때나 우대받는 편일 뿐이며 퇴직하면 막막하다. 인생 100세 시대에 40년이나 무직으로 지내야 하는 것을 감수해야 한다. 취미와 특기에도 종류가 많으며 취향도 다양해서 일률적으로 권할 수는 없다. 나는 가장 필요한 것을 한 가지 권하라고 한다면 글쓰기를 추천한다. 그것이 가장 기초요 큰 자산이다. 자신 없으면 책과 신문에 먼저 다가가면 좋다. 요즘에는 글쓰기 관련 책이 넘쳐난다. 한글 깨우쳐서 몇 년 만에 시집을 낸 어르신 기사와 작가도 아니면서 제 분야에 몇 년 푹 파묻히더니 경험을 바탕으로 책을 낸 경우가 허다하다. 전문가만이 책을 쓴다는 생각은 이제는 낡은 얘기다. 누구나 쓴다. 신문을 읽을 때는 사설을 자주 보면 유익하고, 제목을 눈여겨보면서 기사내용과 제목의 일치 여부를 확인하는 습관을 들이면 어느 제목은 눈에 확 들어오고 어느 것은 일치하지 않은 것도 느낄 수 있다. 눈에 들어오는 제목은 마음에도 꽂혀서 그 기자의 이름도 다시 보게 되는데, 그 재미가 쏠쏠하다. 경험을 얘기하자면 메모하는 습관이 있으면 더욱 좋다.

공직에 있어서만은 아니지만 가끔 선물을 주고받는다. 선물은 줘도 기분이 좋고 받으면 더 좋은 것 같다. 최근엔 김영란법이 있어서 따져봐야 하지만 예전에는 인정이 넘쳤다. 일반인에 비해 공직은 특별권력관계가 성립되어 오고 가는 것에 대해 따져야 하는 것이 있다. 선물과 뇌물이 가장 큰 비중을 차지하고 있다. 선물은 마음만 담아야 하는데, 구린내나 흑막 또는 묵시적 거래 등이 있는 경우라면 뇌물이다. 선물에도 다양한 종류가 있으나 금전은 선물이 될 수 없다. 선물의 기본은 '아는 사람'이 대상이고, 아는 사람이라면 같이 근무한 사람이어야 하는 것이 원칙이다. 같이 근무했기 때문에 그 사람의 취향이나 성격 그리고 넘치는 것과 부족한 것도 알게 된다. 부족한 것을 채워주는 선물이야말로 최고의 선물이다. 내가 선물로 책을 고집하는 이유다.

공직에 있다보면 검은 유혹도 만난다. 인허가와 인사 청탁이 대표적이다. 원칙이 있어도 예외로 인정해달라는 것이다. 청탁을 주고받다가 탈이 난 사건이 각종 매체에 끊임없이 등장하는 이유를 모르겠다. 왜 그런 사건들이 자꾸 반복되는지. 아무리 깐깐하고 곧은 성품을 지닌 공직자라고 하더라도 유혹은 단계별로 다가온다. 불량 민원인이 공직을 오염시키는 단계를 보자. 남자의 경우 자판기 커피 한 잔에서 시작하여 점심을 지나 저녁 때 술 한잔으로 발전한다. 이어서 어느 지역 특산품이 전달되거나 고급 술집에서의 향응과 금전 건네기로 이어진다. 요령이 없는 불량 민원인은 대뜸 식사부터 하자고 다가오나 깐깐한 공직자를 만나게 되면 다시 한 번 자세를 가다듬어 시간이 걸리더라도 자판기 커피 한잔부터 시작해서 공략한다. 부정을 통과시키기 위한 노력은 참으로 끈질기다. 옆에서 볼 때 그런 열정(?)으로 올바른 일을 하면 벌써 큰 성공을 거두었을 것이라는 생각이 들 정도다. 그렇게 몇 번을 거절하다 마지못해 커피 한잔을 먹게 되면 슬슬 스텝이 꼬일 수 있으니 결코 흔들려서는 안 된다. 여자의 약점은 뭘까. 남자는 술 먹이면 된다는 말이 있지만 여자는 다르다. 우선 방어자세가 남자보다 단단하다. 그래도 드러나는 약점은 있다. 상품권과 명품은 여자의 마음을 흔든다. 더구나 구매 중독증이나 명품에 대한 애착은 남자와 다르다.

내가 오염되면 명예가 떨어지고 가족에게 볼 낯이 없을뿐더러 심하면 가족해체는 물론이고 공직에서 강제퇴직까지도 당하게 된다.

조직의 명예는 말할 것도 없고.

공직자가 갈대보다 더 흔들릴 때는 떠올려야 할 문구가 있다. 바로 지방공무원법이다(국가직이라면 국가공무원법을 참고하시라).

지방공무원법 제48조(성실의 의무) 모든 공무원은 법규를 준수하며 성실히 그 직무를 수행하여야 한다.
제51조(친절·공정의 의무) 공무원은 주민 전체의 봉사자로서 친절하고 공정하게 직무를 수행하여야 한다.
제55조(품위 유지의 의무) 공무원은 품위를 손상하는 행위를 하여서는 아니 된다.

3가지 조항을 항상 염두에 두면 무병장수에 특효가 있고, 공직에 있을 때 오염되지 않는다. 법 조항이 너무 추상적이라 어렵다고 할런지 모르겠다. 나도 동의한다. 법과 학을 구분하는 기준은 학(學)이 추상적이라면 법(法)은 구체적이어야 한다. 더구나 실천이 가능해야 하는데, 법이 너무 추상적이라 이렇게 볼 수도 있고 저렇게 볼 수도 있으니 영락없는 이현령비현령(耳懸鈴鼻懸鈴)이다. 그래도 살아 있는 법이니 지켜야 한다. 그게 부족하다면 판례를 자주 볼 수밖에 없다. 신문의 각종 법원판결 사례를 자주 보면 판단에 도움이 된다.

나는 신문에 실린 법원판결 기사도 참고하지만 가장 큰 원칙으로 삼는 것이 있어 행동이나 판단에 도움을 받는다. 누구나 실천이 가능한 사항이다. 바로 횡단보도 올바르게 건너기다. 어쩌면 이 대목에서 웃는 사람이 있을지 모르겠다. 횡단보도 올바르게 건너기가 하찮은 것일까. 한번 본인의 경우를 돌이켜보시라. 어떻게 건너는지. 내가 아는 어느 5급의 이야기다. 매번 점심을 같이 먹으러 갔었다. 나를 포함해서 직원 5명이 건너는데, 이 5급에게는 횡단보도를 건널 때 두 가지 특성이 있다. 횡단보도를 꼭 대각선으로 가기와 횡단보도 밖에서 길 건너기. 우선 길을 갈 때는 우측통행을 해야 한다. 횡단보도도 건널 때 각자 우측으로 통행해야 부딪히지 않는다. 건너는 사람도 우측, 건너오는 사람도 우측이 약속이다. 그런데 횡단보도를 대각선으로 건너면 중간에서 타인과 부딪친다. 이것은 남의 차선(?)을 침범하는 것으로, 반칙이다. 횡단보도 밖에서 길을 건넜다면 차도를 건넜다는 것이므로 이 또한 반칙이다. 그래서 같이 식사하러 갈 때 횡단보도 안에서 직선으로 가자고 옷소매를 잡으면서 횡단보도 밖에서 횡단하는 게 아니며 더구나 동네사람들이 보게 되면 체면 안 선다고 말해도 막무가내였다. 결국 나는 다음 신호에 건너곤 했다. 그렇게 반칙해서 번 시간을 귀한 곳에 사용했을까. 시간이 금(金)이라는 걸 알고 있어서 그리 시간을 절약한 것일까. 근무시간에 같은 사무실을 사용하며 옆에서 지켜본 나로서는 동의할 수가 없다. 절약한 시간으로 훌륭한 업적을 남긴 것도 없었다. 그냥 습관이었다. 마치 서울에서 부산 갈 때 무조건 빨리만 가면 좋은 것처럼. 사소하지만 우측통행과 횡단보도 바르게 건너기만 실천해도 습관이 되어 유혹에도 견딘다. 받아먹는 것이 습관이 되면 결국 오염되듯 바른 습관이 나를 지킨다는 것을 기억하자.

결국 대인관계는 서로 좋은 게 좋은 거 아니냐는 말과는 어울릴 수 있는 것이 아니다. 바른 습관과 학습하는 자세가 기본이고, 상대방에 대한 배려까지 있어야 원만하면서도 존중받게 된다.

간섭받을 때가 좋은 때

요즘엔 조심해서 말해야 한다. 괜히 한마디 하다 상대방이 싫어하는 기색이라도 보이면 관계가 소원해진다. 아예 기피대상으로 찍힌다. 특히 나보다 나이가 훨씬 아래인 경우에는 지켜야 할 원칙이다. 공직 말년 때 간혹 말년티를 냈다. 잘 아는 직원에게 업무훈수부터 시작해서 인생선배의 금쪽같은 명언을 들려주겠다고 나서곤 했다.

업무와 관련해서는 9시부터 업무시간이지만 출근도 9시에 하라는 것은 아니라는 말부터 한다. 최소한 8시 40분까지는 출근해서 업무준비를 하고 컴퓨터 즐겨찾기에 심어둔 지역신문을 봐야 시정(市政)이 어떻게 돌아가는지 알 수 있다며 훈계 아닌 훈계를 한다. 듣는 이는 잘 알겠다고 말하는데, 말은 그렇게 하지만 정작 얼굴빛은 고맙다는 표정이 아닌 것 같은 때를 종종 본다. 조금 일찍 출근하면 업무에 실수도 덜 하고 여유도 생기며, 지역신문을 읽으면 기자에게 구독료나 취재수당도 안 주면서 우리 시 하루의 행사와 소식을 알 수 있는데, 떨떠름한 표정을 보일 때는 오히려 나로서는 이해가 안 된다.

한번은 친하게 지내는 젊은 직원에게 내 컴퓨터에 구축해놓은 자료들을 보여주면서 업무 추진할 때 컴퓨터에 폴더를 구성해서 중간 폴더에는 굵직한 업무명칭을, 하위폴더에는 세부 업무명칭을 부여하여 자료를 관리하면 업무효율도 높일 수 있으니 한번 해보라고 말했다. 한 달 정도 지나서 같이 저녁 근무할 때 요즘 폴더관리를 하냐고 물었더니 아직 마음에 여유가 없어 못했다는 답변을 들었다. 기어코 또 한마디 했다. "나보다 늦게 퇴근하는 날이 며칠이나 있지? 일찍 퇴근하면서 그것도 못해? 그런 자료가 개인 업무편람이고, 그게 있어야 네가 나중에 다른 곳으로 발령나면 그걸 가지고 후임자에게 설명하면서 넘겨줘야 하는 거야! 언제까지 할 거야?" "다음 주까지는 하겠습니다" 목소리 작은 자상한 선배이자 상사였다고 생각했다가 한 방 먹었다고 느꼈는지 목소리가 약간 경직돼 보였다.

대부분의 지방직 공무원은 시청이나 구청에 근무할 때는 그래도 정장 스타일을 착용하면서 과와 팀에 배치되어 담당업무에 전념하고 틈틈이 개인의 경쟁력 강화를 위해 노력도 한다. 그런데 유독 동(洞) 주민센터에 오면 느슨해지고 업무역량 강화보다는 칼퇴근을 선호하는 경향이 많다. 어쩌면 구조적인 문제이기도 하다. 시청과 구청 그리고 동 주민센터에는 같은 직급이 있다고 할 때, 예를 들면 행정 8급 직원이 동과 구청 그리고 시청에 근무하면 같은 8급인데 누가 고참일까? 원론적인 얘기로 결론부터 말하면 동에 있는 8급은 신참이고 구청은 중참 그리고 시청 8급이 승진을 기다리고 있는 고참이다. 결국 동에는 각 직급별로 신참만 있으니 군기 빠진 군대의 모습을 보이는 것이 일반적이다. 더구나 시청에 있으면서 한참 고생해서 승진했다는 기분이 들어 이제 또 승진하려면 한참 멀었으니 조금 여유 있게 지내자는 심리도 작용하고 있다. 이런 부대원(?)들과 1년 이상을 같이 근무해야 할 관리자로서는 경청과 배려만이 필요한 덕목은 아니다. 기분 상하지 않을 정도의 체크와 간섭은 차라리 필수덕목에 가깝다. 누구는 욕먹는 값이 월급이라고 한다. 또 다른 이는 거기에 하나를 더 추가한다. 바로 부하직원 육성하는 값이라고. 그것이 상사의 월급이라고. 직장인이라면 새겨들어야 할 말인 것 같다.

이제는 자세와 업무(또는 월급 값)를 지나 문서에 관한 얘기다. 무릇 사회생활을 하면 말과 글은 늘 따라다닌다. 바늘과 실에 비유할 정도다. 말은 서슴없이 하면서도 글로 표현하라면 얼굴이 흙빛으로 변하는 사람을 종종 본다. 왜 그럴까. 초등학교 입학하기 전부터 배우고 사회생활 내내 따라다니는 것이 글인데도 말이다. 육하원칙은 알면서도 글로 표현하라면 죽어라 싫어한다. 업무와 관련된 보도자료를 작성하라고 말하면 더욱 쩔쩔맨다. 해본 적 없으니 대신 써줄 수 없냐고 애원할 정도다. 슬쩍 농을 친다. "그럼 결혼 해본 적 없으니 결혼 못 하겠네", "내일은 살아본 적 없으니 내일 출근할 수 없겠네." 슬슬 열 받게 만든다. 결국 글 쓰는 것을 뭉개거나(포기하거나) 아니면 대충 써서 검토를 요청하는 경우로 대별된다. 검토라도 요청하는 이에게는 출력물에 가필을 하면서 대략 알려주면 다음부터는 스스로 한다. 이런 경우 내친 김에 글쓰기와 관련 있는 책을 추천해주면 고맙다는 인사도 잘한다.

공무원은 말로 일하는 것이 아니라 문서로써 한다. 그런데 결재 올라온 문서를 검토하다보면 간혹 곤혹스럽다. 간단명료하지 않은 것만이 아니라 문법에 맞지 않는 글로 세종대왕님의 명예를 훼손시키는 경우를 자주 보기 때문이다. 아닌 게 아니라 우리나라 법 중에 가장 지키기 힘든 법이 한글맞춤법이다. 이따금 비표준어이던 것이 표준어로 등극하는 경우도 있기에 더욱 그렇다. 실상 '오랜 친구'란 뜻의 순우리말이라고 주장하지만 그렇지 않은 '아띠'나 '영원한 친구'란 뜻의 순우리말이라고 주장한 '씨밀레' 등 사전에도 없는 말을 쓰는 관공서도 있으며, '주인공을 흉내 내는 분장놀이'라는 뜻으로 사용하고 있는 '코스프레'도 영어의 코스튬 플레이(costume play)에서 따온 일본말로, 무국적 외래어다. '불쾌지수 내리GO~, 상쾌지수 올리GO~'. '내리고' '올리고'의 '고'자 대신 영어 'GO'를 사용하는 경우도 눈에 거슬린다. 시선을 끌려는 목적은 달성했는지 모르지만 억지로 만든 조어는 우리말을 왜곡할 뿐만 아니라 체계마저 무너뜨리게 된다. 심한 경우 '~서'와 '~써'도 구분 못하거나 '각 2부'를 '각2부'로 써서 결재 올라오는 문서를 보면 그 직원이 학교는 정상적으로 다녔는지 물어보고 싶을 정도다.

흔히 사용하는 '피로회복'이라는 말만 해도 그렇다. 피로가 뭐고, 회복이 무엇을 의미할까? 피로가 좋은 것이기에 회복하자는 말이면 이해가 된다. 피로가 좋은 걸까? 몸 상태가 안 좋아진 것이 피로인데, 그것을 다시 회복하자니 말이 안 되는 얘기다. 결국 '피로해소' 내지는 '피로제거'가 올바른 표현인데도 아직도 피로회복 또는 피로회복제가 통용되고 있으니 하루빨리 고쳐야 할 단어다. 이처럼 대충 지나치는 것은 사회생활에서는 통할지 모르겠으나 공직에서는 토씨 하나도 구분해야 한다. 특히 내부문서인 경우에는 그나마 다행이지만 외부로 발송되는 문서라면 공무원은 한글도 모른다는 말을 들어도 할 말이 없을 것 같다.

결국 공문서는 표준어 사용이 원칙이다. 내 경우에는《표준국어문법론》《글쓰기 표현사전》《한국인이면 반드시 알아야 할 신문 속 언어지식》이라는 책을 가까이 두고 참고하는 한편 신문의 우리말 코너 등을 꾸준히 보면서 글을 가다듬고 있다. 참고로 표준어 인정은 국립국어원에서 한다는 것을 기억하면 좋다.

이렇게 자세와 업무능력을 키우고 말과 글의 사용이 가능해지면 조금 더 잔소리를 하게 된다. 이제 스스로 공부하라고. 진도를 잘 따라오던 직원도 이 말을 듣고는 난감한 표정을 짓는 경우도 있다. 그럴 때는 사실 내가 더 난감하다. 요즘 아이들이 초등학교부터 과외나 학원만 다니다보니 대학생이 되어도 과외를 받아야 하는 경우도 있다는 말을 들었는데, 막상 내 앞에 그런 광경이 펼쳐지니 더욱 그렇다. 준 김에 하나 더 달라는 심보다. 그럼 진짜 마지막이라는 단서를 달고 알려준다. "네 머리에 들어 있는 지혜나 지식으로는 나와 마찬가지로 한계가 있으니 나처럼 책과 신문을 가까이 하라"고 말한다. 내 경험담이다.

나는 인사발령으로 업무가 생소한 분야로 바뀌면 일주일 안에 서점을 방문해서 업무용 참고서를 찾는다. 담당할 업무의 기본 자료인 지침이나 업무편람은 책상에 있지만, 그 분량이 가볍고 구체적인 내용이 다소 미흡하다. 전임자에게 매번 물어볼 수도 없는 노릇이다. 그러니 어쩌겠는가. 가장 좋은 방법이 해당 분야의 참고서일 수밖에. 예를 들어 지방세 업무를 담당하게 되면《지방세법 이해》를 구입하면 되고 노동조합 업무인 경우에는《노동조합의 이해》를, 주민자치 업무에는《나비의 꿈》이나《주식회사 장성군》, 보도자료 업무를 담당하는 경우에는《기사되는 보도자료 만들기》 같은 책을 먼저 읽었다.

나 역시 직장에 몸을 담고 있어 같이 근무한 동료의 경조사에 참여한다. 일반적인 경조사는 금전으로 하지만 친한 동료의 영전이나 승진에는 무조건 책으로 한다. 같이 근무한 동료이기에 성격을 알고 장단점도 꿰고 있다. 그러니 동료에게 딱 맞는 책을 선물할 수가 있는 것이다. 책을 주문할 때는 내가 읽어보고 싶었던 책도 같이 주문해서 나도 덩달아 읽는다. 신문에 나오는 신간소개를 보고 13년 넘게 도서목록을 관리하고 있기 때문에 책 선정에 소요되는 시간은 거의 없다.

여기에 덤을 하나 더 준다. 집에서 무조건 중앙 일간지 하나를 구독하라고. 신문 읽을 시간 없다고 말하지 말고, 신문 보면서 관심 분야 기사를 보면 인터넷 검색해서 다시 해당 기사를 컴퓨터에 저장해서 나중에라도 자료관리를 하면 내공이 쑥쑥 커지는 소리가 들린다고 이야기해준다. "한마디 더 하면, 가급적 저녁 9시 뉴스도 보면 더욱 좋아. 민원인은 오늘 저녁 9시 뉴스 보고 내일 아침에 주민센터로 와서 어제 무슨 정책이 시행된다고 하는데 자세히 알려달라고 할 텐데 나는 안 봐서 모르겠다고 말하면 곤란하지 않을까" 이 말을 듣고 고개를 끄덕이는 직원이 있다면 나는 월급 값을 한 거라고 생각한다.

이제 내 경험담을 고백할 차례다. 처음 공직에 입문했을 때 간혹 상사의 질책을 받은 적이 있다. 무슨 일을 추진하겠다고 계획을 세워서 상사에게 결재받을 때 듣던 말이다. "계획서(기안)를 보면 궁금한 게 없어야 하는데, 왜 궁금한 게 많은 것이냐" 무엇을, 어떻게, 무슨 예산으로 하겠다는 게 명료하지가 않다는 말이었다. 그런 지적을 받으면서 성장했다. 요즘은 자료의 범람시대다. 자료가 넘친다. 누구의 허락도 필요 없다. 웬만한 직장이면 거의 전자결재이기에 비밀이나 보안이 필요한 문서가 아닌 한 공개를 원칙으로 하고 있다. 더구나 정보의 바다라는 인터넷이 있어서 책이나 자료 찾기는 누워서 떡 먹기 아닌가.

간섭받을 때는 기분 나쁘게 생각하기 쉽지만 한 번 더 생각해보면 선의를 읽을 수 있다. 간섭이 아니라 검토를 받았다고 생각하자. 누군가 실행되기 전에 검토를 해주어 잘못될 여지를 줄여주었다면 간섭은 더 이상 간섭이 아닐 수도 있으니까.

첫 월급과 용돈

16만원! 내가 공직에 들어가서 받은 첫 월급이었다. 1987년의 얘기다. 지금으로서는 격세지감을 느끼겠지만. 집에 와서 어머니에게 간이 부은 얘기를 했다. "내가 한 달 쓴 용돈이 대략 18만원인데 월급이 16만원이니 다닐수록 적자니까 그만두는 게 좋겠습니다." 혼쭐이 빠지게 꾸중을 들었다. 요지는 "다닐수록 월급이 늘어나니 헛소리 말고 잘 다니기나 하라"는 말씀이었다. 가만 생각해보니 첫 직장에 들어갔다고 16만원이라는 박봉도 모르고 몇 번 술을 샀다. 담배도 피우고, 점심은 사무실 인근에 있는 식당에서 외상으로 먹었으니 월급날 갚아야 했고, 교통비도 들었다. 이래저래 술을 몇 번 산 것과 퇴근길에 또래 직원들과 오락실을 자주 간 것이 적자를 보게 된 큰 원인이었다.

월급은 국가공무원과 지방공무원의 월급날이 다르고, 국가공무원이라도 월급날이 다르다는 것도 알았다. 지금이야 계좌로 입금되어 남자의 날개에 힘이 빠졌지만 그 당시에 월급은 월급봉투에 담겨 지급되었다. 월급날 동 사무소(지금의 주민센터)에서는 사무장과 회계 담당이 바빴다. 20여 명 내외의 직원들 월급을 주기 위해 만원, 오천원, 천원짜리 지폐와 동전을 일일이 세서 각자의 월급봉투에 넣어야 하기 때문이다. 작업은 주로 숙직방에서 이루어졌는데, 월급봉투에 돈을 넣는 작업을 하는 시간대에는 숙직방은 이 세상에서 가장 엄숙한 성소(聖所)이자 철통같은 보안구역이 되었다.

공직 초년생 시절에는 자신의 월급과 선배의 월급을 비교해보기도 하는데, 많은 차이에 기가 죽기도 하고 내 봉투는 언제 두툼해지나 기대를 품기도 했었다. 간혹 영악한(?) 사무장이 초년생의 기를 살리기 위해서 만원짜리 지폐 대신에 오천원이나 천원짜리로 채워주면서 "이번 달에는 일을 많이 했나봐" 하며 두툼한 봉투를 주곤 했는데, 모르고 있었던 무슨 특별한 수당이 있는가 보다 했다가 봉투를 꺼내어 만원이 천원으로 둔갑한 것을 알고 실망하곤 했었다. 대체로 처녀와 총각인 초년병과는 달리 유부남과 유부녀인 고참은 그 두툼한 월급봉투를 들고 퇴근하는 뒷모습에 기운이 넘쳐 보였다. 후에 고참에게 들은 바로는 아내에게 제대로 대접받는 날은 월급날부터 길어야 일주일 간다는 얘기였다. 그래도 월급날만큼은 남자들이 대접받는 날인 것은 틀림없다. 퇴근하는 뒷모습의 당당함과 자신감이 증명하니까.

기혼자는 가정에서 대접받는다지만 그럼 미혼자는 곧장 집으로 귀가할까? 대체로 아직 젊기에 이른 귀가는 억울해했다. 세네 명이 모여 사무실 이야기며, 무엇 때문인지 모르겠으나 동장이나 사무장에게 업무 부실에 대한 추궁을 당한 데 대해 그럴 수도 있는 것 아니냐 또는 너무한 것 아니냐고 성토대회를 갖는 것이 월급날 미혼모임의 또 다른 즐거움이었다. 간혹 술기운이 넘치는 날은 2차로 소줏집을 찾게 되는데, 다음날은 영락없이 얼굴색이 어두웠다.

그래도 금액이 많고 적고를 떠나 각자의 소중한 땀이 배어 있는 월급이었다. 지금처럼 멋대가리 없는 계좌입금이 아니라 가정에서 내놓는 현금이 담긴 월급봉투의 맛은 참으로 짜릿했다. 남자의 기를 살려주었던 월급봉투는 이젠 아련한 추억으로 남아 있다.

공직에 대한 예의

가다듬을 공직 자세로는

출근은 업무시작 30분 전까지, 퇴근도 '칼퇴근' 말고 최소 30분 지나서 하는 게 좋다.

지각일까 아닐까 궁금하게 만들면서 출근하는 직원을 자주 봤다. 오후 6시에 컴퓨터 전원을 끄면 근무시간 지나서 퇴근하게 되니까 그 몇 분이 아깝다고 5시 58분부터 서류를 치우는 민원실 직원은 왜 내 눈에만 보이는 걸까. 아직 근무경력이 짧거나 직원과의 관계에 적응하지 못하고 있는 경우다. 오늘 할 일은 다 했는지, 또 내일 처리할 중요한 일이나 스케줄은 무엇인지 등을 검토하는 시간으로 활용하는 것이 좋다. 나는 아는 동료에게는 이렇게 말한다. "설령 약속이 있어서 일찍 퇴근해도 약속시간에 늦었다고 싫어하는 사람이 있다면 남자친구라 해도 이참에 갈아치우라"고. 국가 대 국가의 조약체결도 아닌 남녀 간의 만남이나 동료와의 만남일 텐데, 왜 그리 일찍 못가서 안달인가. 차라리 약속시간을 조금 넉넉하게 정할 것을 권한다.

공직은 인사로 시작해서 인사로 끝나야 한다. 아침 출근시간에 인사를 하다가 퇴근 무렵에는 바쁜 일이 있어 서로 인사도 못하는 경우가 있지만 아침이나 퇴근시간에도 인사 없는 직원은 왠지 측은하다. 사무실에서 중심이나 협력의 대상이 아니라 꼭 들러리 서는 것 같기도 하고 관공서에서 '알바'하는 것 같은 생각이 들게 만든다. 업무나 대인관계에서 겉도는 직원이라는 것을 나타내기도 하지만 심하면 가정교육이 부실하다는 평가도 받게 될지 모른다. 서로 존중하면서 마음을 열어야 인사도 밝다.

대화는 얼굴 보면서 하기를 권한다. 간혹 바쁘다는 핑계로 얼굴은 안 보면서 상대의 얘기를 들으며 말한 적도 있었다. 얘기가 길어져서야 상대의 얼굴을 보게 되니 오히려 내가 더 미안했었다. 말은 들으라고 하는 것이지만 가급적 상대의 얼굴을 응시하면서 대화하는 것이 예의다. 얼굴과 마음은 일치한다. 입장을 바꿔보면 알게 된다.

1차 회식은 중요한 일이 없는 한 무조건 참석하기를 권한다. 단체생활에서는 1차 회식까지는 업무의 연장이다. 동료와 선배의 경험담을 들을 수 있는 소중한 시간이기도 하다. 서로의 고충을 이해할 수 있는 장(場)이다. 단, 과음은 다음날 근무에 지장을 초래한다.

특정직원에 대한 험담 대신 단점은 과감하게 묻어버리고 장점을 칭찬하는 게 더 좋다. 험담은 부메랑이 되어 되돌아와 나에게 비수가 된다. 좋은 것만 보고 좋은 것만 배운다고 생각하면 험담과 이별할 수 있다. 험담을 하는 경우에는 도와주지는 못할망정 태클을 거는 게 아닌가 한 번 더 생각해야 한다. 도움이 안 되어도 좋지만 태클을 건다는 것은 반칙이다. 그래도 험담을 해야 직성이 풀린다면 거울 앞에 서볼 것을 권한다. 험악해진 자신의 모습이 보일 것이다. 어떤 때는 괴물로도 다가온다. 살짝 웃어보라. 괴물에서 신사로 변한 얼굴이 반갑고 고맙기도 하지 않을까. 남는 에너지가 있다면 남을 비난하는 데 쓰지 말고 자신을 위해 쓰자.

옆 직원에게 피해 안 주기는 직장예절에서도 자주 강조된다. 출장이나 교육 및 하계휴가 등은 당연히 챙겨야 한다. 누구와의 마찰로 또는 간밤의 지나친 음주로 예정에 없던 휴무를 신청하게 되면 당신만 손해가 아니다. 당신이 비워둔 빈자리로 인해 옆 직원은 하루 종일 골탕을 먹는다. 골탕은 말로만 '탕'이지 실제로 먹을 수 있는 탕의 종류는 아니다. 만약 휴무자가 민원실 근무자라면 더욱 치명적이다. 겪어본 적이 있지 않은가. 화장실 갈 시간도 없었던 때를. 가까우면서도 먼 나라인 일본에서는 초등학교 들어가면 가장 먼저 배우는 게 '폐(메이와쿠 · 迷惑) 끼치지 말라'라고 한다. 심지어 누군가가 내 발등을 밟아도 밟은 사람보다 밟힌 사람이 먼저 미안하다는 말을 할 정도다. 길 가다 어깨를 스쳐도 먼저 미안하다는 말을 하는 것은 물론이다. 국민이 이러니 친절한 나라로 유명해질 수밖에.

선배의 경험은 존중받아야 한다. 그의 경험은 역사다. 흔히 역사에서 배우라는 말을 하면서도 선배에게 배울 생각은 도통 안 한다. 한마디 해줄 요량이면 이미 눈치 채고 슬쩍 피할 기세다. 듣기 싫다는 얘기다. 경험에는 실패와 성공 요인이 같이 있다. 실패에서도 배우고, 성공에서도 배워야 한다. 나중에 배우겠다는 위인치고 제대로 배운 자가 있다는 얘기를 아직 들어보지 못했다.

대접받기보다 인정해주자는 말을 요즘 자주 듣게 된다. 보통은 연장자에게 필요한 덕목이다. 먹고살기 힘든 시절에는 앞장서고 대접받았지만 지금은 세월이 변했다. 연장자가 앞장서기보다는 뒤에서 응원하는 시대다. 그러니 잘하는 점을 인정해줘 후배의 기를 살려줘야 한다. 후배 육성이 선배가 '월급값' 하는 시대다. 대접도 바뀌어야 한다. 상사가 부하직원에게 대접받으면 이젠 김영란법에 호되게 당한다. 상사가 내야 하며, 존중해줘야 그만큼 존중받는다.

끼리끼리 밀어주기하다가 같이 망할 수도 있다. 간혹 요직부서에는 요직 근무 경력자만 근무한다는 말을 듣는 경우가 있나 보다. 단체장에게는 그럴듯한 명분을 내세우면서 눈을 가리고 그들만의 철옹성을 구축하기도 하여 회전문인사라고도 한다. 결국 끼리끼리 문화는 조직의 건강 체질을 해쳐서 조직을 망하게 한다. 간혹 단체장이 앞장서기도 하는데, 깜냥도 안 되는 사람을 단체장으로 선출한 지역 주민에게도 책임은 있다고 하겠다.

업무에서는

개인 업무편람을 만들어서 후임자를 골탕 먹이지 않아야 한다. 당연한 말인데도 실천하지 않는 사람들을 가끔 본다. 말하면 알겠다고 해놓고 나중에 확인하면 '아직도'다 이런 경우 공직에서 퇴출시키면 되는데, 아직 이런 장치가 없다. 하여간 죽어라 말을 안 듣는다.

담당자답게 본인 업무를 제일 많이 알아야 한다는 것은 누구나 공감한다. 그러면 실천하고 있을까. 새로운 업무라면 6개월 정도 지나서는 상사인 팀장이나 과·동장과는 업무에 대한 역량이 비슷해야 하고, 그 이후로는 담당자가 그 업무를 가장 많이 알고 있어야 한다. 업무 담당자는 본인의 업무에 최고 전문가가 되어야 한다. 빠를수록 좋다.

결재문서는 상급자가 검토할 시간을 주고 있을까. 담당자가 며칠 씩 끙끙거리고 있다가 마지막 날에야 결재를 올리면서 "오늘까지 제출해야 하니 빨리 결재를 해주세요"라고 요구한 적은 없을까. 그렇다면 당신은 일하는 방법을 모르고 있다는 얘기다. 설령 상급자가 담당업무는 없고 검토만 한다고 해도 당신의 업무만 검토하는 게 아니다. 상사는 결재문서에 클릭만 하는 사람이 아니다. 회의와 교육 참석 그리고 현장 확인에 따른 출장과 윗분에 대한 보고서 작성 등으로 상사도 바쁘다. 업무를 완급과 경중으로 구분하자. 상사에게도 검토할 시간을 주는 직원이 되자. 그러면 결과도 좋아지지만 상사에게 내 이름 석 자를 기억시킬 수도 있다. 신뢰감 확보는 덤이다.

외부로 문서 보내기 전에 관계 법령 확인하자. 시간을 절약한다고 저장문서를 활용하는 경우가 있다. 저장문서를 써먹기 전에 법제처 홈페이지 방문은 필수다. 법은 제정과 개정 그리고 폐지로 일생을 마친다. 개정이나 폐지되었다고 누가 알려주지도 않는다. 행여 개정되어 법 조항이 달라지면 효력이 없다. 저장문서 좋아하다가 타부서로 발령이 난 직원에게 결재선이 지정된 것도 모르고 결재를 진행한 직원도 가끔 있었다. 확인하는 버릇은 업무의 정확도와 상사의 신뢰도를 높인다는 것을 기억하면 좋겠다.

한글맞춤법을 100% 지키는 사람은 없을 것 같다. 과거에는 표준어가 아니었던 말이 표준어로 등극하는 예도 자주 있지만 알고 있던 내용도 간혹 헷갈린다. 특히 대외문서인 경우 한글맞춤법이 엉망이면 공신력에 문제가 생긴다. 얼굴에 밥풀 하나 묻어 있다면 당신은 가만 놔둘까. 수시로 공부해야 한다. 마침 신문에는 우리말을 바르게 쓰는 법을 알려주는 지면도 있다. 국립국어원 홈페이지도 자주 방문할수록 좋다.

업무 관련 책은 자주 읽자. 학생시절 교과서와는 별도로 참고서는 공부에 많은 도움이 됐었다. 책꽂이나 책상에 놓인 법규집과 지침서는 교과서다. 서점에 가면 귀하를 기다리는 책들이 있다. 경쟁력은 책과 신문에서 얻을 수 있다.

신문 보기를 권한다. 업무의 연장이다. 국가직이라면 서울신문과 전국지 가운데 하나를 읽어야 하지 않을까. 상사는 이미 출근 전에 부서 관련 신문 기사를 읽고 담당자에게 어떻게 된 거냐고 물을 때 뒷통수만 긁을 수는 없지 않을까. 지방직인 경우에는 인터넷 지방지와 더불어 전국지 가운데 하나를 가정에서 구독하면 도움이 된다. 특히 사설을 자주 읽으면 글쓰기에도 도움이 된다.

비상근무는 똑바로 하자. 부서장과 여직원인 경우 약간 예외로 해야 하는 것 아니냐고 말할 수 있겠다. 그런 경우 공감하는 기준이 있다면 모르지만 그렇지 않은 경우에는 예외 없이 원칙은 지켜져야 한다. 수해나 설해 등의 자연재해가 부서장과 여직원은 피해서 발생한다는 얘기를 들어본 적이 없다.

단체장 지시사항도 검토 후 추진하자. 단체장 지시사항이라고 무조건 밀어붙이는 경우가 있다면 한 번 정도는 백지상태에서 검토하자. 아니다 싶으면 버티고, 버티기 힘들면 한직이 있다는 것을 명심하자. 돌격만 좋아하는 단체장 말만 듣고 추진하다가 경찰이나 검찰의 초청장을 받게 되는 뉴스도 간혹 나온다.

남의 공 가로채기는 비겁하다. 불평과 불만이 많은 동료보다도 남의 공을 가로채는 상사나 동료는 가장 피하고 싶은 게 인지상정이다. 실력으로 평가받아야지 향우회 등을 기웃거려 남의 자리로 승진한다 한들 오래가지 못해 탈이 난다. 처음엔 꽃길로 알겠지만 이내 가시밭길로 둔갑하는 것을 자주 봤다.

현장은 꼭 확인하자. 현장에 답이 있다고 한다. 구청이나 시청에 근무한다면 관할 구역 경계를 확인하는 것은 어렵겠으나 읍·면·동에 근무한다면 관할구역 경계는 걸어서라도 확인해야 한다. 최소한 발령 받은 지 일주일 안에. 동네 한 바퀴 돌기는 현장 확인의 첫걸음이다. 다음에 하겠다는 사람치고 나중에라도 돌아보는 경우를 보지 못했다.

교육 참석 안 한 직원 대리체크 하면 안 된다. 바늘도둑이 소도둑 되듯 동료를 도둑놈이라는 잡범으로 만드는 것과 같다. 잡범은 교도소에 있어야지 관공서에서 근무하면 안 된다. 출장 안 갔으면서 갔다고 여비(세금) 빼먹는 행위도 마찬가지다.

생활에서는

횡단보도 바르게 건너자. 사소한 것부터 실천 못하면서 공직을 수행한다면 남들이 웃는다. 습관 되면 교통사고 예방되어 가정이 안정되고 올바른 공직수행자세도 확립된다.

음주는 주량만큼 먹자. 더 먹자는 동료가 있으면 차라리 자리를 벗어나자. 1차에서 2차로 이어질 때 맨 뒤에서 가다가 2차 장소가 아니라 집으로 가면 다음 날 업무에 지장 없다. 몇 번을 반복하면 동료에게도 인정받는다. 그 직원 주사부리는 것은 "1차 후 도망가기"가 유일한 것이라고 하면서. 그런 주사는 선량해서 좋다. 요즘엔 119라는 말도 있다. 1인 1병 저녁 9시까지만 술 먹기다.

메모를 생활화하자. 기록을 우습게 여기는 사람치고 잘되는 사람 못 봤다. 기록을 남기면 생각도 자란다. 덤으로 책도 출간할 수 있다.

국기 달기를 생활화하자. 공무원이면서 국경일에 국기를 게양하지 않는다면 뒤통수가 가렵다. 공무원이 많은 사는 아파트나 지역에서 처음엔 잘 달다가도 이내 시들해지곤 한다. 심지어 국기 게양하라는 안내방송도 싫어하는 곳도 있다고 한다. 공직에 대한 자부심이 없다면 일찍 퇴직하는 게 좋다. 나이 들면 받아주는 곳도 없으니까.

조선의 관료들은 '사불삼거(四不三拒)'를 불문율로 삼았다고 한다. 재임 중에 절대로 하지 말아야 할 네 가지(四不)는 부업을 하지 않고, 땅을 사지 않으며, 집을 늘리지 않고, 근무지의 특산품을 대가 없이 취하지 않는 것이다. 꼭 거절해야 할 세 가지(三拒)는 윗사람의 부당한 요구와 청을 들어준 것에 대한 답례 그리고 경조사의 부조다.

청송 부사 정붕은 영의정이 꿀과 잣을 보내달라고 부탁하자 '잣나무는 높은 산 위에 있고 꿀은 민가의 벌통 속에 있다'고 답을 보냈다. 우의정 김수항은 그의 아들이 죽었을 때 무명 한 필을 보낸 지방관을 벌주었다고 한다.

조선의 관료가 지켰다는 사불삼거를 현재의 공무원에게도 지킬 것을 강요하기에는 무리가 있다는 것을 알고 있다. 자부심으로만 비교해도 조선의 관료와 비교도 안 된다.

그래도 우리는 그들의 후예가 아닌가.

2
새내기, 힘내!

2장

공문서 작성과 참고서

처음 공문서를 작성했을 때 신기하기도 했지만 애를 많이 먹었다. 나름 잘 작성한 것 같은데 결재과정에서 수정을 많이 받았기 때문이다. 고쳐주는 상사 입장에서는 내부문서가 아닌 외부로 발송하는 문서인 경우에는 신경을 더 쓸 수밖에 없다. 공문의 품격을 갖춰야 하는 것은 당연하고 맞춤법도 확인해야 하니까. 8~9급 시절에는 선배가 작성한 문서와 전임자의 결재문서를 참고했다. 그렇다고 모조리 베꼈다는 얘기는 아니고, 내 나름의 '6하 원칙'을 첨가하였기에 크게 부족한 느낌은 없었다.

공문서는 기안문 작성에서 시작한다. 업무의 질과 직급이 높아지면서 계획서, 보고서, 보도자료 등을 작성하게 된다. 대한민국 정부가 수립되면서 공무원이 있었고, 그 공무원이 문서를 작성했으련만 공문서나 계획서 그리고 보고서 작성할 때 참고할 매뉴얼은 거의 없었다. 1991년 사무관리규정이 제정된 이유였다. 사무관리규정은

2011년 12월 13일 자로 20년 만에 '행정업무의 효율적 운영에 관한 규정'으로 바뀌었다. 업무가 우선이고 문서규정은 후에 이뤄지게 되었으니 요즘 젊은이들은 옛날 선배들의 업무 방식이 조금은 무식(?)했었다고 할지도 모르겠다. 선배들의 선행학습이 있었기에 그만큼 나아진 것이고 오늘의 문서규정이 생기게 되었다고 생각하는 후배는 예의바른 경우에 속한다 하겠다.

　문서의 흐름과 기안을 익히니 자유로운 공문서 작성 방식이 제법 틀을 갖추게 되었다. 8급 중참쯤 되면서 계획서를 작성할 일이 자주 있었다. 뭔가 부족했다. 서점에 가보니 기획서(계획서) 코너가 있었다. 몇 권 구입하여 남몰래 읽었다. 짜릿했다. 은근히 배가 불러오는 느낌이었다. 이때부터 본격적으로 책방 나들이를 즐기게 되었다. 시청 지역경제과 노정팀에 배정되었을 때는 담당업무가 노조업무였다. 전임자에게 지침이나 참고자료를 넘겨 받았지만 아무래도 자주 물어보게 되었다. 1개월이 지나면서 계속 물어봐야 하나 하는 생각에 뭔가 답답했다. 내가 담당자인데 왜 담당자도 아닌 전임자에게 자꾸 물어보면서 의지해야 하는지. 결국 서점을 찾았다. 《노동조합의 이해》라는 참고서를 만났다. 가뭄에 단비였다. 얼른 읽었다. 어느 정도 내 것으로 소화시켰을 때 잠자는 노조인 〈휴면노조 정리계획〉을 작성해서 결재를 올렸다. "야, 박주사! 노조 있는 게 우리 밥벌이인데, 이렇게 많이 정리하겠다고 하냐?" 약간 불안했었나 보다. 이제 노정팀에 온 지 6개월 정도인 신참이 일을 벌이겠다고 하니. 그간의 개별 노조 활동사항을 정리한 내역서와 참고서에서 배운 내용을 계장에게 말했더니 내 전임자와 통화했다. "그렇지 않아도 전임자 역시 휴면노조를 정리하려고 했다 하니 정리하도록 하되, 100% 정확한 것만 추진하라"는 지시를 받았다. 7급 시절에는 세무과 징수팀에 근무했다. 체납자와의 길고 긴 여정이 기다리고 있었다. 세무직이 대부분인 곳에 행정직은 드물었다. 말이 체납업무이지 각 세목에 대한 이해가 있어야 했다. 또한 세금부과에서부터 고지서 발송 그리고 체납발생에 따른 후속조치라는 일련의 과정이 생소했다. 《지방세의 이해》로 기억하는데, 책을 구입하여 읽으니 세무직과의 대화가 어느 정도 가능해졌다. 체납정리 업무에도 많은 도움을 받았음은 물론이다.

나는 업무가 바뀔 때마다 참고서를 만나러 책방순례를 한다. 이런 최소한의 성의가 있었기에 전문직이 많은 부서에 근무하면서도 최소한 큰 민폐는 끼치지 않았던 것 같다. 체납업무를 담당하면서 인생경험도 했다. 어느 체납자와의 면담이었다. 3년 전만 해도 5층짜리 건물을 소유한 분이었다. 경기침체로 사무실의 공실률이 높아졌는데도 금방 회복되겠지 생각하고 해외여행 등으로 사치생활을 계속 했더니 은행이자도 못 갚고 결국 망하게 됐다는 얘기를 들었다. 그때 건물은 건물주가 제 돈으로 다 건물을 짓지 않고 은행돈을 빌린다는 것도 알았다. 결국 은행에서 빌린 돈 때문에 공실률 관리 등을 제대로 하지 않으면 내 건물이 은행으로 넘어간다는 사실을 알게 되었다.

기획서는 낯설었다. 예전에는 계획서라고 썼었는데, 어느 해부턴가 계획서가 기획서로 명칭을 달리했다. 《기획서 잘 쓰는 법 : 나카노 아키오, 2003년》《기획력을 깨우는 습관혁명 : 고이즈미 주조, 2004년》《컬덕 시대의 문화마케팅 : 김민주 외, 2005년》 등의 책들이 굳어 있는 사고를 말랑말랑하게 만들어주어 각종 계획서 작성에 보템이 되었다. 뿌옇게 보였던 하늘이 맑게 보이는 격이라고나 할까. 특히 《컬덕 시대의 문화마케팅》은 부천세계무형문화엑스포 조직위원회에 파견근무 나갔을 때 많은 도움을 받았다. 동(洞)에 있을 때는 기획이 큰 의미는 없지만 구청이나 시청에 근무할 때는 시원찮은 기획안을 작성했다고 팀장(예전의 계장)에게 지적받는 경우가 자주 있다. 그래서인지 동에 근무할 때는 다소 여유롭게 근무하지만 구청이나 시청에서는 정장차림이 많으며, 농담 또한 적은 편인 것 같다.

기획에서 어느 정도 자유로워졌을 때 보고서 작성을 만났다. 보통은 육하원칙만 준수하면 되지만 팀장이나 과장마다 취향이 다르고 특정 틀을 선호하는 상사도 만난다. 2007년도에 때마침 '노무현대통령비서실 보고서 품질향상 연구팀'이 만든 《대통령 보고서》가 전국을 강타했다. 부제가 '청와대 비서실의 보고서 작성법'이다. 중앙부서의 각종 사례를 분석한 집념에 놀랐고, 청와대 근무자의 업무자세에 한 번 더 놀랐다. 수면시간은 보통 4시간이고 비상이 걸리면 퇴근하다가도 무조건 귀청해야 하는 근무조건에도 사명감을 느끼는 사람들이었다. 이 책이 1년 정도 지나서 많은 공무원에게 회자됐다. 지금도 어느 계획서건 목차만 보면 "아, 이 사람 그 책을 읽었구나!" 알 수 있다. 보고서의 바이블로도 인식되는 책이다. 공무원은 보고서가 생명이다. 보고서를 보고 직원을 평가한다고 해도 과언이 아니다. 흠 잡을 곳 하나 없는 보고서를 보거나 작성했다는 평을 들을 때의 즐거움은 크다. 남의 것이건 내 것이건 불문하고. 보고서에 누락된 것이 있거나 군더더기가 많다고 지적받으면 공무원의 입장에서는 여간 마음 상하는 게 아니다.

행사나 추진계획이 있으면 보도자료도 있다. 내 경우 2011년부터 주민자치 업무를 담당했다. 주민자치위원회는 동에 있는 자생단체 중에 가장 큰 단체로, 여러 단체 가운데 형님격이다. 주민의 삶의 질 향상을 목표로 하기에 업무가 다양하고 깊이 또한 깊어서 업무에 질릴 겨를이 없다. 주로 행사가 많다보니 보도자료를 제출할 기회 또한 많다. 문서나 글이라면 무조건 떠오르는 게 '육하원칙'이라 보도자료에도 그 원칙만 지키면 된다. 차츰 글이 내게로 오는 것을 느끼는 찰나에 내 눈에 들어온 책이 있었다. 《기사되는 보도자료 만들기 : 이경희, 2007년》. 229쪽이지만 알차다. (지금은 절판되었음) 현직 기자가 쓴 책이라 현장에서 꼭 필요한 내용이 많아 두고두고 잘 써먹게 되었다. 보도자료 보통 1회만 제출하는 게 원칙이지만 특정 행사는 3회까지 제출한다. 그것도 동 행사에서. 가령 1년에 한 번 하는 '아나바다' 행사의 경우 처음 보도자료는 개최 시기, 자원봉사 학생 모집과 안 쓰는 물품 판매할 가족을 사전에 모집한다는 내용 등이며, 두 번째는 참여단체와 아기자기한 진행 내용, 세 번째는 마지막으로 당일 행사 결과를 제출한다. 동에 근무하면서 매년 최소 50회 이상 보도자료를 시청에 제출하니 왜 그렇게 보도자료가 많으냐는 얘기도 있었다. 그 덕에 나도 배웠다. '업무의 끝은 결과보고가 아니라 결과보고 후 보도자료 제출'이라는 것을.

보도자료와 관련해서 같이 근무하는 동료에게 담당업무이니 보도자료도 작성해서 시청에 보내라고 주문하면 고개를 좌우로 흔든다. "저 안 해봐서 못해요!" 말하는 이의 심정은 알겠는데 듣는 사람으로서는 기가 막힌다. 그럼 누가 해야지? 성실한 동료인 경우에는 작성해서 나한테 보내면 다듬어준다고 말하고, 그렇지 않은 경우엔 한마디 쏘아붙인다. "그럼 결혼 안 해봤으면 계속 결혼 못하는 거네!" 그런 말을 들어야 겨우 작성한다. 보도자료는 내가 잘한 일이 있기 때문에 공치사하기 위해 쓰는 게 아니라 부서 또는 부서에 속한 단체가 잘한 일이 있기에 쓰는 경우가 대부분이다. 내가 조금 신경 써서 보도자료를 제출하면 그 '잘한 일'이 돋보인다. 그 역할을 공무원이 하면 좋을 텐데, 그걸 하기 싫어서 이 핑계 저 핑계 대거나 슬쩍 안 쓰고 넘어가려는 직원을 볼 때는 답답하다.

결국 말은 잘하지만 글로 쓰라고 하면 주저한다는 말인데, 공무원은 공문서로 이야기해야 한다. 글쓰기는 책 읽기와 밀접한 관계가 있다. 내가 읽은 글쓰기와 관련 있는 책으로는 《밥하기보다 쉬운 글쓰기 : 전영주, 2002년》《일반인을 위한 글쓰기 정석 : 배상복, 2008년》《글쓰기의 항해술 : 어슐러 K.르귄, 2010년》《내 삶의 글쓰기 : 빌 루어바흐, 크리스틴 케플러, 2011년》《대통령의 글쓰기 : 강원국, 2014년》《세상에 단 하나뿐인 글쓰기공식 Simple, 2015년》《프로작가의 탐나는 글쓰기 : 박경덕, 2016년》《독서천재가 된 홍팀장 : 강규형, 2017년》《글쓰기가 필요하지 않은 인생은 없다 : 김애리, 2017년》《글쓰기표현사전 : 정하늘, 2017년》《표준국어 문법론 : 남기심, 고영근, 2014년》 등이 있다. 이 책들은 지금도 책장에서 나를 응원해주고 있다.

책 읽는 즐거움은 직접 느껴봐야 맛을 안다. 나도 딸아이에게 아무 부담 없이 책 읽거나 공부할 때가 좋은 거라고 얘기하지만, 딸아이는 그렇게 느끼지는 못하는 것 같다. 딸아이야 아직 고등학생으로 시험 노이로제에 걸렸으니 그렇다 하지만 공직자는 늘 책과 신문에 다가가야 한다. 책을 가까이하기에 직원에게 자주 묻는다. 1년에 몇 권의 책을 보냐고. 대개는 10권 내외를 읽고 있다. 간혹 읽을 시간도 없다는 이도 만난다. 이런 직원과는 나중에라도 교류를 중단하게 된다. 대한민국에서 가장 바쁘다고 인정받는 대통령도 1년에 10권 내외는 읽는다. 그런데도 책 한 권 읽을 시간이 없다면 대통령보다 더 바쁘다는 얘기가 아닌가. 삶과 공직에 대한 성찰의 기회가 그 직원에게 있기를 바란다. 굳이 여자친구 만날 때 어느 책에서 읽은 대목을 읊조리면 당신의 여자친구가 좋아할까 아닐까를 말할 필요가 있을까. 책도 읽지 않는 사람을 만나는 상대방은 어떤 여자이고 남자일까.

글쓰기와 관련해서 한마디 하고 싶다. 동장이나 과장 중에 행사가 있어 축사나 인사말을 써달라는 경우가 있다. 단도직입적으로, 써줘서는 안 된다. 말하려는 이가 직접 쓰는 게 맞다. 도지사, 시장, 구청장, 군수, 다 마찬가지다. 축사건 인사말이건 해당 직책에 있는 사람이 직무와 관련해서 말하려는 것인데, 본인이 직접 말할 내용을 쓰지도 못한다는 것은 아이러니다. 말할 자격이 없다는 말이다. 자격 없으면 마이크 잡을 자격도 없다. 정치인 출신 선출직인 경우에는 원고 없이 말하는 이가 많다. 아니 원고를 써주지만 그대로 읽는 것이 아니라 나름대로의 식견과 역량으로 돌파한다. 얼마나 멋진 일인가. 애먼 부하직원 고생시키지 말고 직접 쓸 일이다. 그래야 존경도 따라온다.

공무원과 교육

　공직은 교육에서 시작하여 교육으로 끝을 맺는다고 말해도 지나친 말은 아니다. 실제 공직에 첫발을 내딛는 순간 신규자 교육이 기다린다. 30년 넘게 근무한 이후에는 퇴직과정 교육인 미래설계과정 교육이 어서 오라고 반긴다.

　신규자 교육은 설렌다. 가슴이 뛴다. 나도 이젠 공무원이 됐다는 걸 실감하기도 하지만, 무슨 교육을 받을까 궁금해진다. 입문 전에 행정학이나 행정법 그리고 헌법은 배운 바가 있어 실전이 기대된다. 반면에 문서작성이나 공무원의 자세에 대한 것은 아는 바가 없어서 더욱 궁금하다. 나도 이젠 문서로 말하는 공무원이 된다고 생각하니 더욱 그렇다. 혼자가 아니라 시험동기와 같이 가는 즐거움은 덤이다. 교육 가기 전에 들은 말이 있었다. 시험 성적은 평균 90점이 넘어야 나중에 승진할 때도 유리하다는 말을. 1987년 신규자 교육 때 내 성적은 -기억하기로는- 89점이었던 것 같다.

'기억하기로는' 이라는 표현을 쓴 이유가 있다. 내 공직기록 가운데 1988년부터는 빠짐없이 기록되어 있지만 이상하게 1987년 기록은 없다. 가만 생각해보니 그때는 지금처럼 컴퓨터 보급률이 높은 시절이 아니었다. 타자기를 들어본 적이 있는 분은 아실 것이라 생각한다. 딱 그 시절이 행정의 변곡점이었다. 지금이야 문서작성을 컴퓨터로 하지만 당시엔 타자기였다. 탁! 탁! 탁! 소리 나는 2벌식 타자기! 아마 지금은 박물관에나 가야 볼 수 있겠다. 당시에는 2벌식 타자기나 한 단계 진보된 전동 타자기로 문서를 작성했다. 1988년 이후가 돼서야 조금씩 1인 1PC가 가능해졌다. 그런 시절이었으니 1987년 공직기록은 있을 수도 있고, 없는 것도 당연(?)한 일로 여겼다. 교육점수가 90점이 안 되어 표정이 그리 밝지는 않았는데, 교육이 끝나고 사무실에 돌아오니 점수를 물어보기에 이실직고했더니 89점이나 90점이나 매한가지로 높은 점수라고 선배가 위로해주었다.

하여간 신규자 교육은 문서에 대한 이해도를 높이는 내용도 있지만 새내기 공직자에게는 공직의 엄중함을 많이 느끼게 해주어 가벼운 언행이 없도록 다짐하는 계기가 됐다.

공직에 있다보면 많은 교육을 이수하게 된다. 그중에 가장 기억에 남는 것은 보고서 작성과정이다. 7급 중참일 때 받은 것으로 기억한다. 행정안전부 국장으로 재직한 분이 강사였다. 내용은 앞에서 언급한 《대통령 보고서》라는 책이 나오게 된 배경과 보고서 작성에 대한 교육이었다. 그 책이 나오기 전까지는 공문서가 공직의 얼굴이라면서도 공문서 작성에 적합한 교재는 거의 민간부문의 것뿐이었다고 해도 과언이 아니었다. 대체로 중앙부처의 각종 문서작성 사례가 샘

플인지라 지방직 공무원으로서는 낯선 단어가 많아 읽기에는 수월하지가 않지만 여러 가지 보고서 작성사례 등은 유익한 내용이 많다. 책이 전국에 널리 소개되어 이제는 공문서의 기본서 역할까지 하고 있는 것으로 평가된다. 한번은 어느 동 주민센터에 근무할 때 사회복무요원(예전의 공익요원) 한 명이 7급 공채시험을 준비하면서 그 책을 읽어봤다고 하여 대단한 사회복무요원이라고 느꼈던 적도 있었다.

교육과 관련해서는 공무원은 사무실 부근에서 받는 교육보다 타지역으로 가서 받는 교육을 선호한다. 근무지역에서 받다보면 사무실에서 자주 연락이 오고 자칫하면 교육 도중 사무실로 복귀해야 하는 불상사(?)도 생기기 쉬우므로 멀리서 교육을 받아야 교육효과가 높아지기 때문이다.

공무원에게는 의무적인 상시학습시간이라는 것이 있다. 미이수하게 되면 승진을 할 수 없다. 형식적으로는 온라인과 오프라인 두 가지가 있는데, 서로 장단점이 있다. 가급적이면 오프라인 교육을 권한다. 사무실을 벗어나야 부담감이 없어져 교육에 전념할 수 있기 때문이다. 승진을 위해 시간을 절약해야 한다면 사이버가 좋다. 내용적으로는 세 가지가 있다. 교육훈련기관 의무이수시간, 필수학습(자체교육) 의무이수시간, 사회복지교육 의무이수시간이다. 연간 직급별로는 2018년 기준으로 5급 50시간, 6급 이하 80시간, 직종 전환군 35시간이 의무이수시간이다.

교육과는 구분되지만 벤치마킹이라는 것이 있다. 우수한 행정사례나 현장을 학습하는 것이다. 벤치마킹은 배울 자격이 있는 사람이

가야 함에도 무자격자가 슬쩍 동행하는 것은 바람직하지 않다. 가령 행정안전부에서 매년 주최하는 전국주민자치박람회에 벤치마킹 대상자 선정이 담당 공무원과 주민자치위원으로 명시되어 있다면 주민자치 담당 공무원이 가야 하는 것이지 담당 공무원을 제쳐두고 동장이 가겠다고 나서는 것이 아니다. 설령 동장이 신청자 명단에 올라와도 취합부서에서는 동장을 제외시켜야 정상이다. 동장이 벤치마킹을 다녀와서 주민자치 업무를 맡겠다면야 막을 수는 없지만 그럴 이유가 없다. 그런 무자격자에게 예산이 집행된다는 것은 또 다른 세금 비리다. 굳이 동장이 가고 싶은 경우에는 정해진 예산에 비해 신청자가 적은 경우에는 보충적으로 가능하다고 볼 수는 있을 것이다. 보충적으로도 불가능한 경우에는 연가를 달고 자비로 가야 정상이다. 사소하지만 사소한 것이 원칙을 뛰어넘을 수는 없다. 또한 사소한 것도 지키지 못하면서 공직을 수행한다면 남들이 웃지 않을까.

공무원과 시의원

공무원은 고달프기도 하지만 보람도 크다. 고달픈 경우의 대표적인 경우는 고약한 민원인을 상대하는 경우와, 적법함에도 합목적성이나 여론에 의해 진행이 안 되는 경우를 꼽을 수 있겠다. 간혹 시의원과의 불협화음도 있다. 행정의 견제 역할을 하는 시의원 −국정이라면 국회의원− 입장에서는 견제만 하는 게 아니라 측면지원도 한다. 공무원과 시의원 사이가 앙숙이면서 형제 같은 감정도 있다고 보면 될 것 같다.

시의원은 조례 제정과 개정 또는 폐지의 입법기능을 우선으로 한다. 다음이 견제인데, 국회의원이 국정감사로 그 기능을 수행한다면 시의원은 주로 행정사무감사를 통해서 한다. 1991년 4월에 전국적으로 지금의 시군구의원 임기가 개시됐다. 처음에는 무보수 명예직이었다. 먹고 살기에 걱정 없는 사람만 의원이 되는 거냐는 반발 때문에 지금처럼 월급 정도의 수당이 붙었는지는 모르겠다. 지금은 처음보다는 세련되고 날카로운 질문을 던져 집행부를 난처하게 만드는 시의원도 제법 있다. 일명 월급값(?) 하는 시의원이다. 그런 시의원은 일상적으로 지역을 돌면서 여론을 수렴하여 모범적인 의정활동을 한다. 사후적으로는 주민숙원사업 건의를 받아 처리해서 지역주민의 가려운 곳을 긁어준다. 효자손이다. 지역 내 각종 크고 작은 행사에 참석하여 내빈소개에 응하여 축사도 한다. 가끔 내빈소개 없는 행사에는 곤혹스러워하지만 그래도 잘 적응한다. 개별적으로 악수하면서 인지도를 높인다. 물론 초선보다 재선 등 선수가 높아야 임기응변이 가능하다. 동의 자생단체 회의에 참석하여 인사말과 함께 실적을 발표하여 존재감을 나타낸다. 간혹 인사에 개입하여 자기 사람에게 유리한 작용을 서슴지 않아 지탄의 대상이 되기도 하지만, 이러한 일탈행위는 극소수에 그친다.

선출된 시의원에게도 아픔이 있다. 첫 번째로 시의원 알기를 '우리 지역에 필요한 예산 따오는 사람'이라고 인식하는 것이다. 예산을 심의하여 완급과 경중을 가려 합리적이면서도 효율적인 예산편성에 기여하는 사람이지, 무조건 예산을 따오는 사람으로 치부해서는 안 된다. 본연의 의무에 충실할 수 있게 만들어줘야 한다. 두 번째로 의원이 자생단체 등에 참여했을 때 단체의 요구사항을 무조건 들어줘야 의원으로 인정할 수 있다는 논리가 아직도 있다는 것이다. 요구사항은 법 규정은 물론이고 정당성과 합목적성이 있어야 채택이 가능한 것이지, 무조건 단체에서 요구하는 사항이니 들어줘야 한다는 것은 '떼법'에 불과하다. 조례와 법규 등을 준수하는 합리적인 요구를 할 줄 아는 자세는 우리 공동체에서는 꼭 필요한 규범이다. 세 번째는 선거로 선출된 의원은 존중되어야 한다. 분위기에 휩쓸린 나머지 우리 단체 말을 안 들으면 다음 선거에서는 국물도 없다는 농담 반 진담 반의 말을 하는 경우는 실례를 넘어 무지의 소치다.

어느 동의 사례를 소개한다. 마을신문을 만들기 위해서 예산이 필요했다. 3개월마다 8000부를 발간하는 1년 예산은 대략 일천만원 정도였다. 사전 조치로 글쓰기교실을 개설했다. 3개월 후에는 마을신문 기자도 위촉했다. 다음으로 구청의 지역공동체 활성화 공모사업에 응모하여 선정됐다. 덕분에 창간호와 2호를 만들 예산은 확보했으나 3호부터는 예산이 없었다. 마을신문 창간 기념식을 개최한 후 시의원이 마침 주민자치위원회 월례회의에 참석했다. 사회를 진행하던 담당자가 한마디 했다. "여러분, 오늘 특별한 분을 소개시켜드리겠습니다." 모두들 어리둥절했다. 참석할 사람은 다 참석한 것 같은데 또 누가 올 사람이 있나, 생각할 때 사회자의 멘트가 이어졌다. "우리 위원회가 자력으로 공모사업에 선정되어 마을신문을 만들었지만 알다시피 두 번 발간할 예산밖에 없습니다. 오늘 이 자리에 참석하신 시의원 두 분이 3회부터 소요될 신문예산을 마련해주실 것입니다. 큰 박수로 환영해주시기 바랍니다." 졸지에 큰 박수를 받았지만 기분은 나쁘지 않았던 것 같았다. 그날 이후 마을신문은 발간비용을 걱정할 필요가 없어졌다.

이런 것이 시의원 사용설명서가 아닐까. 최소한 먼저 노력하고 도움은 다음에 요청하는 것이.

상사와 부하직원

상사는 중심(中心)이다. 결정하기 전의 흔들림은 용납되지만 결정되고 난 후에는 상사는 흔들려서는 안 된다. 각종 자료가 매일 업데이트되니 그때마다 반영되어야 하는 것 아니냐고 항변하는 상사가 있을지 모르겠다. 그런 사고방식이라면 결정은 있을 수가 없다. 매일 관리만 해야 한다는 말과 같기 때문이다. 상사의 결정은 모름지기 1안과 2안 그리고 3안이 있어야 한다.

상사의 종류는 여러 가지로 구분할 수 있다. 형식적으로는 연공서열로 된 경우와 특별한 실적이 있거나 애초 처음 공직을 시작할 때 남들은 9급으로 시작했지만 7급 또는 고시로 시작한 경우라 하겠다. 지방직은 대부분이 9급부터 시작하므로 근무경력이 많아서 승진한 연공서열형이 대부분이며, 특별한 경우로는 대통령 표창이나 행정안전부에서 주관하는 '지방행정의 달인'에 선정되거나 민원봉사대상 등 전국단위 표창대상자로 선정되어 승진한 사례이며, 7급 또는 고시로 공직을 시작한 경우가 있다(고시 출신은 대부분 국가직으로 간다).

연공서열형의 상사를 만나면 대체로 근무하기가 편하다. 같이 말단부터 시작했기 때문에 내가 겪은 것을 미리 경험한 사람이라 그렇다. 지방직은 대부분 50대이며, 초점을 업무에 두는 상사는 합리적인 성격이라 대화나 의사결정이 원만하나 간혹 치밀한 면을 보인다. 예를 들면 직원이 결재 올린 서류를 대충 보는 게 아니라 기본 자료는 충분히 담았는지, 계획대로 추진할 때 문제점이나 극복방안이 있는지도 상세히 검토하기에 까다롭다고 할지 모르겠으나 배울 점이 많다. 이런 상사는 행정을 연습 삼아 추진하려는 자세를 극도로 싫어한다. 물론 경력이 쌓일수록 업무 실력이 늘어나겠지만 경력이 없다고 무능력하지도 않다는 열린 생각을 가졌다. 결재 나기까지 긴장해야 하는 것에 스트레스를 받지만 몇 번 경험하면 스스로 업무 실력이 늘어났음을 알게 되어 오히려 감사하게 되며, 오래도록 기억에 남게 된다. 결국 존경받는 상사이자 공직에 꼭 오래도록 있어야 할 선배다.

특별한 실적을 인정받아 상사가 된 경우에는 같이 근무하기가 조금은 어렵다. 인정받았다는 자부심이 크기 때문이다. 민주적 리더십이 아니라 카리스마가 있는 경우가 많다. 그럼에도 좋은 점은 일단 본인이 결재한 것은 책임진다. 부하직원에게 잘못한 책임을 전가하지 않는다. 대신 책임은 내가 질 테니 당신은 내가 하라는 것만 하면 된다는 독선에 빠진 경우를 자주 봐야 하는 것은 고역이다. 물론 예기치 못한 불상사를 사전에 예방한다면 더없이 일하기가 좋다. 의사결정 전에 티타임을 갖거나 충분한 검토 자료를 제공하면 효과적이다. 아예 직원의 의견을 경청하는 마음자세가 있다면 더할 나위 없이 훌륭한 상사다.

7급부터 시작한 상사는 생각이 고정되지 않고 다양하다. 왜(why)를 많이 찾는 편이다. 9급에서 7급까지 승진하려면 시군구마다 차이가 있겠으나 대략 5년 내외가 걸린다. 심하면 10년 정도 소요되는 곳도 있겠지만. 그런 기간을 거치지 않고 7급으로 공직에 들어왔기에 그 기간만큼 경험이 생략된 탓도 있고, 9급으로 시작한 사람보다는 다양한 과목을 −헌법이나 행정학 등− 배워서 사고의 유연성이 생겼기 때문으로 보고 있다. 결국 경험은 부족하지만 다양한 학습을 했기 때문에 묵직한 맛은 부족하지만 다양한 시각을 배울 수 있다. 서로 충분한 의견교환과 사전에 검토할 시간만 있다면 가장 민주적인 업무처리에 만족할 수 있다.

성별로는 남과 여가 있지만 아직까지는 남자가 더 많다. 아직 우리의 현실로 볼 때 남자는 병역의무와 노점상 철거나 불법광고물 정비 등 힘들고 다양한 경험을 해서 이해가 빠르고 전체 과정을 아는 편이다. 반면 여자는 주로 민원업무 등 사무실 내에서의 내근업무 위주로 종사한 탓에 이해의 폭이 좁고 전체 대신 부분에 집착하는 경향이 있는 듯하다. 무슨 일을 추진할 때 남자 상사인 경우 한마디면 된다고 할 때, 여자인 경우 두 마디는 해야 한다.

연령대로는 형님뻘과 동생뻘 그리고 동갑내기로 나눌 수 있다. 상사가 연장자이면 응대하기도 쉽다. "네, 알겠습니다"라고만 얘기하면 되니까. 동생뻘은 신경이 쓰인다. 오히려 내가 연장자이니 상사를 팀장님, 과장님이라고 말하면 되지만 연하자인 상사가 존칭으로 화답하지 않고 반말로 응대하는 경우 참으로 난감하다. 내가 당신 부하인 것은 맞지만 나이는 내가 더 많다고 매번 말할 수도 없다. 공직은 위계질서가 있어야 한다고 말한다. 그 위계질서는 업무관계에서 적용되는 것이지 반말을 해도 된다는 뜻은 아니다. 상사라 해서 함부로 말하면 '싸가지 없다'는 말을 듣는다. 싸가지가 없다면 예절이 없다는 말이어서 가정교육도 제대로 받은 바가 없어 막돼먹었다는 인상을 주게 된다. "야!"나 "~해" 대신 "~씨"나 "~합시다" 또는 "~해야 합니다"로 말씨를 바꾸면 훌륭한 인격자로 인정받는다. 직원 나이 무시하고 반말하는 상사가 존경받았다는 얘기를 들어본 적이 없다. 물론 5년 전 또는 10년 전에는 그런 상사가 많았다.

동갑내기인 경우에는 형님뻘로 인정해주면 대체로 무난하다. 간혹 동갑내기 상사와 몇 차례 같이 근무한 적이 있다고 다른 직원 있는 곳이나 회의석상에서 친구처럼 반말을 하는 부하직원도 볼 수 있다. 공과 사를 못 가리는 경우다. 친한 것은 사적 영역이니 공적 자리에서는 존칭을 붙여야 '싸가지 없다'는 말을 듣지 않는다. 호칭과 관련해서 듣기 거북한 것은 여직원끼리 사무실에서 '언니'라 부르는 경우와 남직원끼리 '형'이라 말하는 경우가 있는데, 단 둘만이 있다면 모르겠지만 그렇지 않은 경우에는 또 '싸가지 없다'는 말을 듣게 되니 조심해야 한다.

내 경우 상사는 형님뻘이나 동갑내기까지만 겪어서 다행이었다. 물론 공적인 자리에서는 동갑내기라도 존칭을 사용했다. 남자 상사는 많이 겪었지만 여자 상사는 4명이었다. 그중에 다시 보고 싶지 않은 사람도 있고 존경하는 분도 몇 분 있다. 존경하는 상사만 소개한다.

2006년 9월 28일부터 부천시청 교통행정과에 근무했다. 강덕면 과장의 얘기다. 보통 시군구에서는 과장이 계획서를 작성하지 않는다. 설령 시장이나 부시장한테 특별한 오더를 받았어도 팀장회의를 소집해서 이러한 배경이며, 주제가 이렇고, 방향은 이렇게 잡아서 향후 추진계획 등을 담아 결재를 올리라고만 하는 게 상례다. 며칠 야근하는데 이상하게 과장이 계속 저녁 10시경에야 퇴근했다. 주무팀 차석에게 물어보니 시장님 오더 받아서 당신이 직접 만들고 계신다는 답변이었다. 대략 2주일 정도 걸린 것 같았는데, 차량 관련부서 종합운영방안이었다. 팀장들이 변변치 않아서가 아니라 시장에게 직접 받은 오더사항이라 당신이 직접 작성했다는 말을 나중에 직원 회식 끝나고 2차 소규모 회식 때 맥주 먹으면서 들려준 얘기다. 평소에도 직원이 전자결재 올리면 뭔가 부족한 경우 전화로 호출한다. 사무실에서 최고 높은 사람이지만 큰 목소리로 부르는 법이 없다. 물론 결재만 올린 경우에는 지적을 많이 받지만 결재 올리면서 과장님이 나를 부르는 경우 내 결재문서를 보고 물어볼 만한 사항을 미리 준비한 경우라면 무사통과다. 그런 무사통과 횟수가 많아지면 신뢰가 쌓인다. 그 바쁜 와중에도 야간 대학원을 졸업했다는 얘기를 나중에 들었다. 그런 5급 나도 처음 봤다. 4급 국장을 달지 못하고 시의회에서 공직을 마무리하셨는데, 조직에서 잘못한 건지 아니면 운이 따르지 않았는지는 알 수 없지만 열심히 노력하시면서도 싫어하는 동료가 없었던 과장님인지라 간혹 훌륭한 선배 이야기 할 때는 내 입에서 꼭 나오는 이름이다. 공무원은 공무를 수행하는 것이지, 승진하기 위해 공무원 해서는 안 된다는 말을 기억하고 있다. 요즘 승진에 연연하는 사람에게는 무엇인가 느끼게 해줄 것 같다.

2002년 어느 동에 근무할 때 보통의 동장은 각종 행사에 인원동원 등 동 행정 협조를 구하는 일이 많아서 동에 있는 자생단체장들과 평소 원만하게 지내야 하기에 행정편의를 요청하는 경우 당차게 거절하기 어려운 경우가 많다. 당시 윤인상 동장은 직원들에게 공과 사는 구분되어야 한다고 말하곤 했었다. 민방위대원 비상소집훈련에 지각한 대원은 귀가 조치되었고, 통장이 교육받지도 않은 민방위대원의 교육통지서를 받은 것으로 해달라며 가지고 오는 경우엔 동장의 호통을 들어야 했다. 또한 자원봉사활동 참여 학생들은 봉사활동시간이 2시간 다 되어야 2시간이 인정되었다. 이러한 동 행정의 기틀을 잡은 후에 훗날 원미구청장까지 지냈다.

1997년도 경에 여자 동장님을 만나게 됐다. 불도저였다. 한 가지 일을 시작하면 조금 지나서 또 다른 일을 하자며 슬쩍 운을 뗐다. "이번엔 무슨 일을 하시려고요?" "아나바다 한번 해야 하겠어! 아, 우리 동네 학생들 교복과 참고서를 싸게 구입하게 만들면 애들이 좋아하잖아!" 말이 씨가 되어 아나바다가 시작됐다. 교과서, 참고서, 교복, 일반도서, 장식품 등이 다 나왔다. 동사무소에서 그 아나바다를 하느라 1개월 이상이 꼬박 걸렸다. 홍보에 물품접수와 기증품목 정리 및 보관 그리고 행사 전날 행사장 꾸미기까지. 덕분에 동네 엄마들은 우리 자녀 교복 저렴하게 샀다고 즐거워하고 책을 좋아하는 사람도 덩달아 좋아했다. 일 좋아하는 나도 아나바다 끝난 후 며칠은 동장과 시선을 피했다. "저 인간 또 뭔 일을 저지를 거야" 걱정하면서. 며칠이 지나서 다른 직원과 또 일 꾸밀 모의(?)를 하는 걸 봤다.

나중에 시청 국장까지 지낸 후 퇴직한 윤순중 동장이다. 퇴직 후 미술에 그 남은 열정을 쏟아서 작품전시회도 하신다. 간혹 뵐 때면 웃으면서 인사드린다. "또 한번 일 벌려볼까요?"하며. 여전히 작은 체구임에도 불구하고 잘도 돌아다니신다. 오래오래 건강하셨으면 좋겠다.

공직생활 하다보면 호랑이 상사도 만난다. 어느 과의 차석으로 근무할 때 김인규 행정지원국장님을 모시게 됐다. 중요한 법령의 조항을 거의 다 외우고 계신 분이었다. 직원이 잘못하면 인정사정 없었지만 열심히 일한 직원에게는 격려와 보상을 꼭 챙기셨다. 불도저 또는 호랑이라고 통했다. 같이 근무한 이들은 '지방행정의 달인'이라는 칭호도 붙여줬다. 얼마나 노력했는지 모르는 게 없을 정도였다. 공과 사의 구분이 엄격했기에 결재를 받을 때는 항상 긴장하게 만들었다. 중간에 계획에 대하여 약간 미진한 부분이 있어서 물어봤을 때 시원찮은 답변이 나오면 속된 말로 절반은 죽는 날이니 직원들은 작성한 계획서가 국장 전결인지 아니면 과장전결인데 쓸데없이 국장 결재를 받는 것 아닌지 전결규정을 거듭 확인하곤 했다. 그런 호랑이이지만 회식 자리에서나 사석에서는 지위를 따지지 않았기에 무서워하면서도 존경하는 이들이 많았다. 그런 분들이 있었기에 부천시가 발전했고, 나 또한 그분들에게 배운 바가 많았다.

나는 '낀 세대'다. 한국전쟁을 체험하고 풀 한 포기 없는 척박한 폐허 위에서 '잘살아 보세'라고 새마을노래 부르며 세계 경제대국 10위권으로 올려놓은 부모세대와 의무보다는 권리를 주장하는 신세대 사이에 꽉 끼어 있다. 어른을 어려워하는 나는 늘 조심한다. 상사에게 결재를 올릴 때는 결재가 끝나기 전까지 긴장한다. 상사의 호출을 무서워하기보다는 내가 올린 결재서류에 다 담은 것 같은데 그래도 상사가 보기에는 부족한 게 있어서 나한테 물어보지나 않는지 하고. 이제는 팀장이라 부하직원에게 담당업무의 진행사항을 물으며 체크하고 부족한 것은 어떻게 하라는 얘기까지 해주지만, 매번 그럴 수는 없어서 에둘러 표현하기도 한다. 이따금 책과 신문에 다가가라는 조언과 함께.

요즘 젊은 직원들은 우선 발랄해서 좋다. 어려워하는 구석이 없다. 대신 업무의 깊이가 부족함을 느낀다. 더 곤란한 것은 말은 낀 세대보다는 훨씬 잘하지만 말한 바를 글로 쓰라 하면 사색이 된다. 그렇게 말씀하시는 것 아니라면서.

사회 곳곳에 곤란한 사람들이 있다. 특히 유통업계와 요식업계에서 발군의 재주를 부리는 사람들 이야기가 종종 언론에 등장한다. 블랙컨슈머 얘기다. 부당한 이익을 얻기 위해 악성민원을 제기하는 소비자를 말하는데, 엽기적인 행위가 상상을 초월한다. 예전에는 그런 '진상 고객'에게도 친절을 강요한 사업체가 많았으나 요즘에는 당당하게 응대하고 있으며, 심한 경우 법적 대응까지 해서 감정노동자의 고달픔을 해소시켜주고 있는 추세다. 바람직한 현상이다. 더 나아가서 동종업계끼리 뭉쳐서 진상 고객의 명단을 공유하기도 한다. 이런 것이 일명 블랙리스트다. 실상 어느 분야나 블랙리스트는 존재하는 것으로 안다. 블랙리스트의 원조는 왕조시대 그 이전에도 있었을 것으로 짐작한다. 남의 영토를 정복하거나 처들어온 적을 물리친 경우 그리고 태평성대를 가져온 공신에게는 그에 합당한 반대급부가 제공

되었으며, 그와는 반대인 경우도 있었으리라.

　인사행정을 담당한 적은 없지만 공직에도 진상은 있다. 상사진상도 있지만 부하진상도 만만치 않다. 남자업무와 여자업무의 구분은 없다. 단지 전통적으로 ―실례이지만― 여자는 대체로 가벼운(?) 업무를 배정하고 민원인과의 갈등 등 거친 업무는 남자의 몫이었지만 여자가 공직에 많이 들어오면서 차츰 남자업무라고 여겼던 업무들을 하나씩 여직원들이 담당하게 됐다. 남자업무도 여자에게 빼앗기고 있는 현실임에도 불구하고 남자이면서도 민원업무만 보겠다는 직원도 있었다. 동에는 여자가 많고 남자는 적은데도 불구하고. 업무를 배정하면 진도는 못 나가고 오히려 제자리에서 헤매는 직원, 업무에는 관심 없고 상사의 심리상태만 관찰하는 심기경호형 직원, 높은 사람과 어울리며 연줄을 자랑하는 직원, 병가를 적절히 활용하면서 옆자리에 있는 직원에게 폐 끼치는 직원 등이다. 이들을 다른 곳으로 인사발령을 내면 발령지에서 안 받겠다고 아우성이다. 차라리 우리 정원 하나를 줄이겠다고 대들 정도다. 이들의 명단이 블랙리스트이다. 말이 좋아 진상이지 공직에서는 '꼴통'이라고까지 말한다. 그 진상을 끌어안아야 하는 관리자나 부서장의 심정은 어떨까? 있어도 써먹지 못하는 존재. 오히려 모셔야 한다. 제발 사고는 치지 마시라는 심정으로.

선거는 괴로워

　요즘 선거사무는 싱겁다. 선거에는 대통령선거와 국회의원을 선출하는 총선 그리고 시장·도지사와 시·도 교육감 및 시·군·구의장과 시·군·구·도 의원을 뽑는 전국동시지방선거 등 3가지가 있다. 요즘에는 선거사무를 컴퓨터로 다 한다. 후보소개문의 벽보 첩부와 철거 그리고 선거 공보물 발송 인건비도 충분하여 크게 고생을 안 한다. 선거사무 관리만 잘하면 된다.

　예전에는 어림도 없는 일이다. 우선 선거인명부 확정이 가장 큰 고역이었다. 선거인명부 서식이 매 페이지마다 3부씩인데, 먹지를 2장씩 대고 작성했다. 유권자가 5,555명이라고 하자. 한 명이 정해진 기간에 다 쓸 수 없어서 몇 명이 나눠서 썼는데, 이게 또 종종 사고를 낸다. 한 명당 1,111명을 쓰면 되는데 A직원은 1명부터 1,111까지 세대주 표시와 유권자 성명과 주민등록번호 그리고 통·반과 주소를 볼펜으로 눌러서 쓴다. B직원은 1,112명부터 2,222명까지 써야 하는데 까딱하면 1,111명부터 쓰게 되는 불상사가 발생한다. 그러면 다시 써야 한다. 이는 단순히 끝 숫자인 2,222에서 1,111를 빼니 1,111이라는 숫자가 나오는 것을 그냥 본인이 쓸 유권자 인원수로 알고 적어서 그렇다. 결국 B직원은 2,222−1,111+1을 안 했기 때문에 처음부터 다시 선거인명부를 적어야 한다. 요령 있는 고참 직원이 옆에서 알려주는 경우에는 고생이 적지만 혼자 잘난 척하거나 합동작업을 무시하는 경향이 있는 직원은 간혹 일을 당한다. 사실 나도 처음 선거사무에 참여할 때 한 번 당했다. 그 이후로는 선거 때는 선거인명부를 제일 앞 번에 배정받기를 희망하곤 했는데, 여의치 않으면 뒤에서 앞 숫자를 뺄 때 항시 1을 더한다.

투표용지를 교부한 후 투표록에 숫자를 쓸 때도 주의가 필요하다. 투표용지가 100매씩 묶여져 있다면 일련번호도 1번부터 100번까지 기재되어 있다. 만약 100매 가운데 몇 명이나 투표용지를 교부했는지 숫자를 확인하는데 1번부터 54번까지의 용지를 교부해서 55번부터 100번까지의 투표용지가 있다고 하자. 몇 명이 투표했고 몇 명이 아직 안 했을까. 54명이 투표하였으며, 46명이 아직 안 했다는 것을 알 수 있지만 투표용지의 일련번호 숫자를 보고 100 − 55로 계산해서 45명이 아직 안 했다고 하면 안 된다는 것이다. 앞서와 마찬가지로 '+1'을 해야 올바른 계산이다. 아니면 투표할 사람(100명)에서 투표한 사람(54명)을 빼야 아직 안 한 사람(46명)이 올바른 산식이다. 이처럼 선거에서는 두 번의 계산에서 착오가 없어야 하지만 다행히 세월이 좋아져서 이제는 투표록 작성할 때만 주의하면 된다.

선거인명부가 작성되면 주민등록표와 명부를 대조한다. 누락자가 있으면 큰일이다. 투표권을 보장하지 못하게 되어 망신도 망신이지만 공무를 수행하는 공직자로서의 자존심과 명예가 추락하기 때문이다. 세대주와 세대원이 같이 등재된 세대별 주민등록표(등본)를 보고 선거인명부와 대조한다. 한참을 하다보면 눈의 압력이 높아져 눈도 침침해진다. 어느 때는 한글 이름 대신 한자 이름이 나와 애를 먹인다. 복잡한 한자라 자주 접한 적이 없기 때문인데, 한자사전 확인은 필수다. 그래도 누락자 발생은 금물이라 잠시 쉬었다가 또 진도를 나가야 한다.

선배로부터 들은 얘기다. 1987년 이전에 한 번 누락 사례가 발생하여 죄송하다며 싹싹 빌었는데, 소용없었다. 계속 항의하였으며 마침 당사자가 남자이고 민방위대원이라 민방위교육을 한 번 빼주겠다고 통사정하여 무마가 되었다는 내용이다. 본 게 아니라 들은 얘기로 실제 여부는 알 수 없으나 행여 선거사무를 가벼이 보지 말 것을 주문하는 선배로서의 가르침으로 간직하곤 했다. 어찌되었건 누락자 발생은 있어서는 안 되는 일이었기에 명부작성이 완료되면 그것으로 그치는 게 아니라 직원 상호간 명부를 바꾸면서 누락자 여부를 재확인해서 누락자가 없다는 것을 최종 확인해야 명부작성이 완료되었다. 이런 명부작성은 직원별로 1인 1PC 보급 사업이 완료되었을 때에도 지속되었다. 주민등록표(등본 또는 초본)를 복사해서 발급하던 시절에서 PC로 출력하여 발급하는 시대로 바뀐 후에도 한동안 계속되다가 어느 해부터인지 없어졌다. 이래저래 누락자 발생은 선거사무에서 최대의 고민거리였다.

다음으로 어려운 것은 선거벽보를 동네 요소요소에 붙이는 것이다. 후보자의 얼굴과 약력이 실린 벽보를 벽에다 붙이는데, 벽면이 다양하다. 가장 좋은 벽은 타일벽돌이다. 청테이프로 가로와 세로로 깔끔하게 붙이기만 하면 된다. 가장 난해한 벽은 울퉁불퉁한 벽돌이다. 붙여도 반듯하지 않아 얼굴도 약간 일그러지고 며칠 지나면 떨어지거나 훼손되는 경우가 많았다. 접착하는 면이 평면이 아닌 탓에 자주 손을 보아야 했다. 나대지에 나무 작대기 세워서 줄과 테이프로 보기 좋게 붙여놓으면 간혹 벽보에 구멍이 나는 경우도 있다. 누군가 특정인이 싫어서 간밤에 훼손한 것이다. 자주는 아니지만 가끔 발생하는 사례라 바쁜 선거기간에는 번거롭게 또 현장에 가서 손을 봐야 했다.

유권자에게 배달되는 선거 공보물 발송 작업은 받아보는 유권자에게는 소중한 한 표의 가치를 행사하여 유능한 인물을 선택하는 데 큰 도움을 주지만 동사무소 직원들에게도 작은 즐거움을 준다. 그때만 해도 동사무소의 분위기는 늘 화기애애했다. 어떻게 보면 형제 같고 이웃 같았다. 발송 작업을 하면 동네 여러 자생단체원들이 참여했다. 요즘의 주민자치위원 격인 동정자문위원은 동네 유지이기에 체면 때문인지 참여를 안 했지만 통장이나 새마을지도자 또는 새마을부녀회 등의 구성원은 참여하기에 모처럼 만나서 안부도 묻고 함께 다과를 나눌 수 있었다. 간혹 결혼 적령기에 있는 자녀를 둔 자생단체원의 경우에는 예비 신랑과 신부감을 탐색하는 자리이기도 했다. 1990년대 초반까지는 인물 됨됨이를 주로 따졌다. 이후부터는 기왕에 혼사 치를 거 실속 있는 결혼을 하자며 남녀를 불문하고 기왕이면 잘사는 집 자녀를 선호하는 분위기도 생겼다. 이따금 신혼임에도 불구하고 집을 장만했다거나 계장이나 사무장도 아닌데 자동차를 구입했다는 소문이 들리면 '신부덕'을 봤다거나 또는 '신랑덕'을 봤다는 말도 있었다.

언제부터 사전투표일이 있었는지는 기억이 가물거린다. 투표일은 하루인데 사전투표일은 이틀이다. 이틀 한다고 투표율이 높지 않아 손님 끊긴 오후에는 새벽 일찍 나왔다고 하품도 거든다. 아침에는 늦어도 5시 30분까지 가야 한다. 내 경우 무슨 행사가 있어서 사무실에 일찍 나가더라도 아침식사는 무조건 하고 간다. 육식을 못하기 때문에 집에서 먹고 가는 걸 원칙으로 하고 있다. 특히 투표하는 날은 관리자 입장에서 가장 신경을 쓰는 게 식사시간 교대근무. 아침과 점심 두 끼이지만 식사시간대는 근무자가 절반으로 줄어서 온전한 투표사무 진행이 어렵다. 나라도 아침 한 끼를 집에서 먹어 투표사무에 보탬이 되자는 취지다. 매번 아내가 토스트와 커피를 담당하곤 했는데, 2018년 전국동시지방선거의 사전 투표하는 날은 여고 2학년인 딸아이가 수고했다. 지금도 내방에 딸아이가 토스트를 만든 후 아직 일어나지 않은 나에게 쓴 메모를 붙여두고 있다.

"배부르면 남겨도 됨!!
똑같은 토스트지만 정성을 더 담음.
맛있게 먹고 가.
졸려서 일찍 만들었더니 식었겠다. ㅠ"

하라는 공부는 열심히 안 하지만 마음 하나만은 최고인 딸이다.

선거일 전날에는 당연히 당직을 했었다. 투표용지가 동사무소에 보관되어 있기 때문에 직원이 지켜야 했다. 그 시절 당직비가 2천원인가 3천원이었다. 당시만 해도 월별 당직순번이 정해졌고 당일 당직자는 꼬박 숙직실에서 날밤을 샜다. 다음날 아침 9시에 사무장에게 간밤에 화재발생 등 이상 없음을 보고하고 한나절 집에 가서 쉬곤 했다. 선거 전날에 동료 가운데 유부남이 당직인 경우 만만한 게 총각이라 슬쩍 부른다. 어차피 내일 아침 일찍 나와야 하니까 대신 당직해달라는 부탁이다. 연애하는 총각들도 선거 전날의 음주는 금기사항이라 모르는 척 들어줬다. 물론 토요일 당직도 유부남들이 총각들에게 대신 당직할 것을 부탁 내지는 강권하는 경우는 많았지만 그것은 총각의 토요일 일정에 달렸다. 토요일에 데이트 약속이 있는 경우에는 총각도 연애사업에 충실해야 하기 때문에 매번 총각들이 토요일마다 당직할 수는 없었다.

아침 5시부터 동사무소는 불이 훤히 켜진다. 아침 6시부터 저녁 6시까지 꼼짝없이 선거를 치른다. 가장 고역인 것이 식사시간 교대다. 갑자기 근무자가 절반이나 줄어든다. 본인인지 확인하는 대조석에 있는 2명이 1명으로 줄고 투표관리관과 관리관대행자 2명 중에서 1명이 식사하러 간다. 그것도 아침과 점심을. 사고는 이런 때 터지니 정신 바짝 차려야 한다는 것도 교육받았지만 갑자기 유권자가 몰려들 때에는 난감하기만 했다.

간혹 투표일에 실랑이가 벌어진다. 왜 나는 선거인명부에 없냐며 큰 소리로 떠드는 사람이 있다. 그래도 갈 때는 조용히 간다. 항의하는 이를 따로 불러 알려준다. 결격사유가 아직 해소되지 않았다고 말해주면 된다. 어떤 때는 투표도 안 했는데 선거인명부에는 왜 내가 한 걸로 되어 있냐는 항의도 있다. 어떻게 해결되었는지 지금은 기억이 가물가물하지만. 선출된 분에게는 축제이겠지만 종사자에게 선거는 늘 괴롭다.

그런 시절을 겪은 입장에서는 요즘 선거사무는 편해 보인다. 다만 예나 이제나 왜 지방직 공무원들이 선거사무를 수행해야만 하는지 조금은 불편해 보인다. 국가직인 선거관리위원회에서 주관하는 법정사무인데 왜 지방직만 대거 참여할까?

여자 공무원과 남자 공무원

예민한 내용을 다루자는 얘기가 아니다. 어느 한 젊은이가 공직에 들어와서 보고 겪고 느꼈던 일 가운데 여자와 남자의 차이는 차이가 아니라 다름이라는 것을 알게 됐다. 공직을 마감하면서 마음 한 구석에 남아 있던 것을 솔직하게 끄집어냈다. 어느 부분은 성별 입장이 다르기에 "남자는 늑대야" "여자는 여우야"라는 말이 떠오를지도 모르겠다. 그럴 수도 있었구나, 이렇게 생각하면 좋겠다. 다양한 시각으로 보면 스스로 잘한 경우와 반성의 기회도 되겠다. 물론 나도 포함된다.

예전엔 여자가 귀하였지만 요즘엔 역전됐다. 물론 아직도 상위직은 남자가 많다. 이것도 5년 내지는 10년만 지나면 곧 역전될 것으로 보인다. 어느 특정의 성(性)으로만 −이를 테면 여성만 또는 남성만 − 이루어진 부서는 없다. 사람 인(人)이라는 글자는 아는 바와 같이 단순한 2명이 아니라 남녀 두 사람을 포함하기까지 한다. 그래서 예절이 생겼다고도 한다.

우리 가족은 3명이다. 아내와 딸과 나. 성별로 말하면 여자 2명, 남자 1명이다. 가끔 딸과 대화를 나누다가 얼굴을 붉히는 경우도 있었다. 딸이 중학교 1학년 때였던 것 같다. 책을 가까이 하는 습관을 들인다며 1주일 안에 어떤 책을 읽으라고 주문했다. 1주일 후에 다 읽었냐고 물었더니 "응, 지난주에 성당에도 가고 친구랑 놀고 학원에서 숙제도 많이 내줘서…" 듣다 지친 내가 한 말이다. "아, 무슨 얘기가 그렇게 길어! 읽었어? 안 읽었어? 그것만 말하면 되잖아" 딸의 눈가에는 금세 물기가 고였다. "아빠, 미워!" 하곤 제 방으로 갔다. 전형적인 남자와 여자의 대화 방식이다. 참고로 여자가 "가!"라고 하는 말은 "가기만 해봐라!"와 동의어다. 여자는 과정을 중시하지만 남자는 대체로 결론을 중시한다.

언젠가 아내를 따라 백화점에 갔다. 짐꾼이 되어줄 요량으로 따라 갔다. 분명 특정 물건을 사기로 해서 갔으니 1시간이면 족하리라 생각했다. 웬걸! 중간에 이것저것 구경하다보니 1시간이 넘어서야 겨우 목적지에 도착했다. 이제 집으로 곧장 가겠지, 했으나 어림도 없는 얘기! 아직 다 둘러보지 못했다고, 식료품 코너에도 들르셔야 한다고 친절하게 말해준다. 내 생각에는 1시간이면 될 것을 3시간 정도는 걸렸다. 그날 이후로는 따라가지 않는다. 같이 가실까? 아이고 천만의 말씀. 잘 다녀오세요! 구석기 시대 이래로 남자의 역할은 정해졌다. 가족의 먹거리를 책임지는 사냥! 잡아야 하고, 잡으면 지체 없이 귀가해서 식구들 배부르게 먹이는 게 남자라는 가장의 권리요 의무다. 이것이 내 할아버지에서 아버지로, 그리고 아버지에서 내게로 이어져 내려온 유전인자다. 남자의 사고방식이자 행동방식이다. 남자와 여자가 이렇게 다르다.

이성의 직원끼리는 더욱 다를 수밖에 없다. 여직원들이 유독 싫어하는 것이 있다. 정상 근무시간이 지나서도 일해야 하는 야근이나 초과근무가 대표적이다. 다음으로는 당일 저녁 늦게 귀청하게 되는 본의 아닌 지방출장, 각종 축제나 기념행사가 개최되는 주말행사와 수해와 설해 시의 비상근무 등이 특히 기혼 여직원을 곤혹스럽게 만든다.

야근(초과근무 포함)은 기혼 여직원의 가정생활 또는 미혼 여직원의 개인생활을 어렵게 한다. 자녀가 유치원이나 어린이집에 다니면 데리러 가야 하고, 가족과 함께 지내고 싶은 심정이다. 오늘 하루도 수고하고 늦게 귀가하는 남편의 저녁도 맛있게 차려줘야 하니 오늘 꼭 할 일이 아니면 그것은 내일 할 일인 것이다. 야근과 지방출장은 어떻게라도 해결이 가능하지만 주민이나 시민과 함께하는 주말행사는 양가 부모님 도움을 받아서 해결한다. 가장 어려운 것이 남았다. 바로 비상근무다. 수해라고 불리는 장마와 집중호우. 여름철 불청객이다. 간혹 가을엔 태풍도 한몫 거든다. 새벽에 비상근무가 발령되면 조금 늦게 나가면 되지만, 저녁에 언제 비상근무가 해제될지 모를 때는 참으로 난감하게 만든다. 요즘에는 남자 직원이 적어서 슬쩍 사라지는 것도 어렵다. 그래도 잠행을 감행한다. 내일의 원활한 근무와 가정의 평화를 위해서. 남아 있는 직원에게는 미안해하면서. 겨울에는 설해가 기다린다. 이면도로와 육교 그리고 버스정류장 주변에 눈을 치우고 염화칼슘을 뿌려야 한다. 꽁꽁 언 손을 호호 입김 불며 녹인다. 그런 여직원도 야근이나 1박 2일 교육은 하기 싫어하지만 손꼽아 기다리는 게 있다. 1주일 내외로 떠나는 해외견문! 이때는 여러 방안을 적극적으로 강구하여 꼭 간다. 가사와 나라일의 이중역할을 수행하는 아내인지라 남편과 양가 부모의 적극적인 지원을 받는다.

예전엔 젊었지만 지금은 50대 나이다. 사고방식도 달라졌다. 단순한 것을 좋아한다. 일반적으로 맞벌이 부부라고 한다면 남자는 전업(프로)이고 여자는 부업(아마추어) 성격을 보이는 부부를 말하는 것 같다. 남자는 중간에 그만두면 안 되고 여자는 그만둬도 된다는 것이 아직까지는 남자의 시선이다. 남자는 태어나면서부터 가장의 굴레를 쓰고 태어났다는 말을 들으면서 성장했기 때문이다. 그 이면에는 남자 중심의 사고가 오랜 세월 작동한 탓이다. 이제는 남자도 가사분담과 육아분담도 요청받고 있다.

내게는 비상근무와 관련한 슬픈 이야기가 있다. 7급 시절이다. 마침 저녁 8시경 기상대에서 강설주의보가 발효됐다. 매뉴얼대로 한다면 동(洞) 주민센터를 포함하여 구청 직원까지 3분의 1의 인원을 비상근무 발령하면 된다. 관행상 담당과장에게 선 보고, 후 조치하려고 전화했다. "꼭 발령 내야 하나?" "조금 더 눈 내리는 걸 보고 다시 말씀드리겠습니다." 1~2분 지나서 다시 전화했다. "눈이 계속 내려서 비상근무 발령을 내야겠습니다." 그날 눈은 적은 양이었지만 계속 내렸다. 이후에도 한 번 더 눈이 와서 또 전화했지만 명쾌한 답은 지체되었다. 결국 매뉴얼대로 비상근무를 발령했다. 이후에는 사전에 보고하는 것은 안 하고 조치 먼저 취했다. 이처럼 권한 있는 상급자가 원칙이라는 매뉴얼이 있음에도 '결정 장애'를 일으켜선 안 된다. 비상근무라는 것은 말 그대로 특별한 상황이다. 특별한 상황에 대처할 수 없다면 관리능력을 의심받는다.

다음은 여직원이 동 주민센터의 재난담당인 경우다. 남자들의 군 가산점제도가 없어지면서 여직원이 늘어나고 여자도 재난담당을 하는 경우가 많이 발생하고 있다. 어느 날 저녁 11시경에 구청에서 동 별로 3명만 남고 귀가해도 된다는 연락이 왔다. 대기하던 직원들을 보내고 팀장인 나와 재난담당과 또 다른 1명이 남아 있었다. 10분 정도 지난 후 재난담당이 "저도 집에 갈게요" 말하자마자 조금 더 기다려보자는 내 말에 "안 돼요. 저 들어갈 겁니다" 말하며 자리에서 핸드백을 들고 일어섰다. "지금 남아 있는 3명 중에 재난담당이 먼저 간다고 하면 말이 돼?" 핀잔을 주었지만 막무가내였다. 마지막으로 한 마디를 더했다. "당신, 지금 가면 직무유기야" 소용없었다. 다행히 그날 비상은 저녁 12시 정도에 해제됐다.

어느 날 낮에 비가 많이 왔다. 주말에 아침 8시부터 사무실 나가서 일하다 오후 3시경 퇴근했다. 오전 12시경 호우주의보가 발령되어 동별 1명씩 비상근무해야 했다. 오전 11시경에 출근한 재난담당에게 부탁한다고 말하곤 퇴근했다. 저녁 6시쯤 사무실로 전화했다. 아직 비상근무 안 끝났냐고 물었더니 "저 벌써 퇴근 했는데요" "비상해제 됐어?" "아니요." 기가 막혔다. "당신이 공무원이야? 재난담당 맞아?" 큰소리쳤다. 다행히 저녁 늦게 비상근무가 해제된 걸로 기억하고 있다.

재난은 잘해야 본전(?)이라는 말을 한다. 아무 일도 없어야 본전이다. 재난업무를 우습게 아는 자는 공직(公職)에서 벗어나야 한다. 결정 장애를 일으키거나 근무지를 이탈하려는 자를 믿고 주민이 안녕할 수 없기 때문이다.

이상한 단어들

듣기에 좋은 단어가 있다. 재능기부와 관련 있는 말이다. '열정 페이' 그리고 '애국 페이'와 '공정 페이'다. 이중에 공정 페이만 빼면 전부 좋은 말인 것처럼 들린다. 오히려 공정 페이만 이상하게 들릴지도 모른다. 주무대는 관공서와 군부대 그리고 학교 등이다.

언제부터인가 '재능기부'라는 말이 생겼다. 재능 있는 사람의 재능을 기부 하거나 받는다는 말이다. 관공서의 각종 축제 등 행사 때 예산은 부족한데 어느 한 분야의 전문가나 예능인을 초빙해야 한다. 예산이 부족해서 궁여지책으로 참여를 부탁하면서 이름 석 자를 널리 알려주는 것으로 때우겠다는 것이다. 그 행사가 연례행사라면 매년 재능기부라는 명목으로 그렇게 하겠다는 저의가 숨겨져 있어 뭔가 개운치 않다. 연례행사인 경우 재능기부로 때울 생각 말고 예산을 편성하든지, 가지고 있는 역량을 동원하여 육성하는 것이 바람직하다.

재능기부에 참여해달라는 요청을 받은 입장에서는 혹시 모를 불이익이 두려워 참여하게 되지만 유명인이 되기까지 그는 땀과 고난의 시기를 통과한 것이다. 남들이 여가를 즐기며 쉴 때 그는 한 곳만을 바라보면서 온갖 유혹을 물리침은 물론이고 불편함마저 감당하였기에 유명인이 될 수 있었던 것이다. 그 수많은 세월을 인내하면서 한 분야의 대가로 성장하기까지의 뒤안길을 안다면 재능기부의 '재'자도 꺼내서는 안 된다. 3연(학연, 지연, 혈연)의 하나로 이어진 경우에도 최소한의 비용은 지급하는 것이 도리이자 기본이다.

재능기부는 대체로 일회성에 그치지만 '열정 페이'는 그 폐단이 막심하다. 대학 등에서 현장실습을 나갈 때 실습비를 지급하는 대신 열정으로 임해야 한다며 페이를 지급하지 않는다 하여 열정 페이라 불리고 있다. 고용노동부의 시급도 적용 안 되니 울며 겨자 먹기로 이루어지는 실습의 질은 무엇으로 담보할까. 자기 자녀라도 그렇게 할까? 언제 어디에서건 역지사지는 지켜져야 한다.

애국 페이는 국가적인 큰 행사나 예비군 관련 행사에서 자주 듣는다. 국가적인 큰 행사에 주도적으로 참여한 바는 없어서 자세한 내막을 알 수는 없지만 주관하는 사람에게는 한 번 검토를 권한다. 예비군 훈련보상비가 최저임금에 훨씬 못 미치는 시간당 2000원에 불과하며, 하루에 1만 6000원을 받는다고 한다. 예비군들이 이를 두고 애국 페이라 하면서 헛웃음을 짓는다는 것이다. 애국심을 내세워 노동력을 평가절하 하는 것은 인색해도 너무 심하다. 우리나라가 경제력에서만 보면 세계 10위 안에 든다. 그런 나라에서 옛날에나 있을 법한 일이 지금까지 계속되는 것은 누가 보아도 동의하기 어렵다. 예산을 다루는 공직자의 자녀가 예비군이라면 최소한 최저임금으로는 편성하지 않을까 싶다.

최근에 여러 가지 페이에 대응하여 등장한 말이 있다. '공정 페이' 말이다. 노동력을 정당하게 평가해달라는 것이다. 포스텍에서 기업체에 현장실습 나갈 때 사전에 열정 페이를 차단하고 단순 작업이 아니라 업무에 도움이 되는 과정으로 운영하여 만족도가 높아지니 학생들의 참여와 현장실습의 호응도도 높아졌다는 것이다.

먹을 것 없고 일거리도 없던 시절이 있었다. 이제는 그런 시절이 아님에도 불구하고 부당하게 사람을 부리려 하는 어두운 시선이 아직도 있나 보다. 남의 아내와 자녀는 싼값에 부려먹고 내 아내와 자녀라면 비싼 대접을 받아야 한다는 그 못된 심보는 어느 별에서 왔을까.

3

공무원의 경쟁력

3장

공무원은 쩨쩨해야

간혹 신문이나 방송에 나오는 공무원들이 있다. 잘한 일로 소개되면 가문의 영광이겠으나 그렇지 않은 경우 많은 공무원을 덤으로 매도당하게 만든다. 세금으로 월급 받다보니 아예 세금을 제 돈으로 알고 있다는 비아냥도 듣게 만든다.

인허가나 인사 청탁 등으로 몇천만원이 오갔다는 뉴스는 파괴력이 강해서 이런 뉴스가 나오면 며칠간 짜증난다. 어쩌다 점심 식사하러 간 식당에서 그런 뉴스를 접할 때는 허탈하기도 하지만 타인들 시선이나 "공무원 놈들은 다 도둑놈이야"라고 손님 중에 한마디 하는 말에 공직자는 씁쓸해진다. 그래도 위안이 될 수 있는 말은 "그러면서도 당신 자녀를 공무원 시키려고 하는 것 아니냐"며 들리지 않을 목소리로 반문하지만 마음은 편치 않다.

그런 큰일은 아니지만 이따금 매스컴에 오르내리는 사례가 2가지 있다.

가장 대표적인 것은 초과근무수당과 출장여비이다. 초과근무수당은 아침 9시 전에 출근하거나 저녁 6시 이후에 남아서 일할 때 지급되는 수당이다. 주로 TV에 나오는 장면은 아침 일찍 출근해 헬스장에서 운동하기 전에 출근 체크하거나 저녁에 부서별 회식으로 1차 회식 이후 몇몇 직원끼리 2차 회식하고 사무실에 들러서 퇴근 체크하여 불법으로 초과근무수당을 챙긴다는 내용이다. 1차 회식까지는 업무의 연장이라 인정받지만, 2차는 전체 직원이 가는 게 아니므로 업무의 연장이 아니다. 핑계 김에 슬쩍 초과근무를 한 것으로 위장하려는 것은 공무원으로서 자격미달이다. 회식도 아니면서 행하는 행위로는 초과근무하면서 저녁 먹고는 슬쩍 밖에 나가 개인용무를 1~2시간 본 후에 또 슬쩍 사무실로 들어와서 저녁 10시 정도에 퇴근하거나, 저녁시간에 민간시설인 외부 헬스장을 2시간 정도 이용한 후에 사무실에 와서 퇴근 체크하여 초과근무수당을 야금야금 타먹는 행위도 있다. 초과근무를 할 업무와 의사도 없으면서 인터넷 쇼핑이나 사적인 인터넷 검색으로 전기료까지 낭비하는가 하면, 심지어 외부에서 업무관계자와 개인적으로 식사를 하고는 초과근무수당을 받으려 한 사례도 매스컴에 소개되어 같은 공무원으로서 얼굴을 들지 못하게 하는 경우는 쩨쩨한 것을 넘어 세금을 도적질하는 행위다.

출장여비의 수령행태 또한 치졸하기 짝이 없다. 우선 2시간 출장이면 1만원, 4시간이면 2만원을 받을 수 있다. 물론 출장을 가야 받는다. 출장시간 내내 공무를 수행했는지는 모르겠으나, 출장을 간 경우는 우선 양반이다. 출장 가서 출장시간의 일부를 딴짓(?)하는 데 쓰고 오는 경우도 있다. 슬쩍 개인적인 용무를 본 경우를 말하는데,

이 또한 다양하다. 담배 떨어져서 담배를 산 경우나 은행에 가서 돈을 찾은 경우라면 이해가 된다. 부동산 계약을 하거나 아는 사람을 만나거나 쇼핑을 하느라 출장시간을 보낸 경우에는 어떨까. 출장여비 반환과 성실의무 위반 등으로 징계사유가 된다.

　전국의 공무원은 상시학습시간을 이수해야 한다. 이수할 학습시간은 직급에 따라 다르다. 이수방법으로는 온라인과 오프라인 학습방법이 있다. 온라인 학습방법은 시군구에서 수시로 학습 프로그램에 대한 안내공문을 발송한다. 오프라인 중에 시군구에서 하는 월례조회에 참석하는 경우 1시간을 인정하는 경우도 있다. 월례조회 시간에 여러 가지 행정사례를 발표하기에 듣는 시간을 학습시간으로 인정하고 있기 때문이다. 여기에도 미꾸라지 전법이 통한다. 참석방법에 허점이 있기 때문이다. 과ㆍ동장 이상의 고위직인 경우 공무원증을 하급자에게 맡기는 경우가 있다. 검토할 업무가 많으니 부탁한다며. 거절할 하급자는 그리 많지 않다. 마지못해 대리로 체크한다. 부정이 싹트는 순간이다. 하위자끼리는 민원실에 근무하는 경우 본인이 월례조회에 참석하면 민원실에 과부하가 걸리니까 가는 사람에게 공무원증을 빌려준다. 일명 '알아서 끼리끼리'다. 조회에 가는 사람은 참석해서 좋고, 안 가는 직원은 안 가도 참석한 것으로 되어 상시학습시간 1시간 벌고 출장여비도 받고. 동료애가 발휘된다고 생각하겠지만 역시 부정이 싹튼다. 세 살 버릇 여든까지 간다고 한다. 이렇게 쩨쩨한 부정을 저지르다보면 큰 부정을 저지르지 않는다고 누가 보장할 수 있을까.

　출장과는 관련 없지만 무단으로 출장 가는 경우도 있다. 일부이지만 과·동장 이상이 주로 한다. 제 딴에는 고위직이니 무단 출장을 가도 누가 뭐라 하겠냐, 그런 심보로 출장을 가는 것이겠으나 무단 출장이 아니라 근무지 무단이탈이다.

이렇게 초과근무수당이나 출장여비를 탐내는 작은 도둑이 기억해야 할 사례가 있다. 1994년에 전국 공무원 세계에 광풍이 몰아친 적이 있다. '세도사건'이다. 세도가의 세도가 아니라 세금을 도적질 해먹었다는 세도(稅盜)다. 특별시와 광역시는 물론이고 시군구의 지명이 여기저기서 나온다. 능력 있고 소위 잘나간다는 공무원도 그 무리에 포함된 것을 알고는 경악을 금치 못했다. 해먹어도 그렇게 무식한 방법으로 해먹을 수 있냐며 서로 비난까지 하여 서민의 분노를 키우기도 했다. 고위 공직자에서부터 하위 공직자까지 은밀하게 또는 대범하게 이루어진 일탈행위에 한동안 뜨거운 시선을 의식해야 했다.

잊을 만하면 또 터지는 게 공직비리이기도 하다. 2010년에는 전국 여러 지역에서 인사비리가 적발됐다. 끼리끼리 해먹는 대표적인 게 인사비리인데, 그 비밀이 드러났다. 사무관 승진은 최소 몇천만원을 바쳐야 한다는 등 루머로만 돌던 말들이 사실로 밝혀져서 공직 내부는 물론이고 국민에게 충격을 줬다. 혈연·지연·학연이라는 3연은 들어봤지만 승진하기 위해 돈을 써야 한다는 것은 그때 처음 들어봤다.

그래도 요즘에는 공무원도 노조가 생겼고 소신 있는 공무원도 늘어나고 있다. 지금도 인사발령 후에는 후일담이 인사에서 쓴 고배를 마신 동료들 안주감으로 입에 오르지만 예전에 비해서 많이 나아졌다. 작은 것부터 투명하고 공정해야 큰 부정도 없어진다. 남들도 그렇게 한다고 따라 하다가 남들이 교도소 갈 때 같이 가는 경우도 생긴다는 것을 잊지 말자. 늘 남의 탓만 할 필요가 없는 이유다. 한직의 즐거움을 만끽하는 공직이 되자. 단 경쟁력 있는 한직을.

뒷담화

공직 세계의 뒷담화는 업무능력과 공직 자세에 대한 것이 대부분이다. 업무능력에 대한 예를 들어보자. "저 사람은 과장도 아니야"라는 말은 과장감이 아니라는 말과 같다. 직원이 결재를 올릴 때 반려사유에 정확히 뭐가 부족하니 무슨 내용을 채워 넣어서 결재를 다시 올리라는 말 대신에 '재검토' 세 글자만 있는 경우가 많다. 요점만 적어서 반려해야 하는데 업무에 능통하지 않아 제 실력을 감추기 위해서이거나 아니면 업무는 알지만 반려사유에 요점만 정리해서 적을 수 있는 문서작성 능력이 부족한 경우다. 제 눈에는 이것저것 막 써 넣고 싶은데 막상 쓰자니 정리가 안 되기 때문이다. 어디 과장만 그럴까. 본인 업무로 행사를 하면서도 보도자료를 쓰지도 못하는 공무원이 의외로 많다. 육하원칙에 근거하여 작성하면 되는데, 쓰지를 못한다. 말은 청산유수로 잘하면서 글을 못 쓴다면 뭐가 잘못되어도 한참 잘못된 것이다.

보통 보도자료는 담당자가 작성해서 공문으로 구청을 경유하여 시청 홍보실에 보낸다. 동 주민센터라면 담당자가 공문과 함께 작성해서 팀장이 검토하면서 1차 다듬는다. 이후 동장 결재로 구청에 보내고, 구청 담당자가 시청 홍보실에 보내면 홍보실 담당자가 2차 검토 내지는 가감해서 각 언론사에 보낸다. 언론사에서는 내용에 따라 기사화 여부를 결정한다. 이런 과정을 거치기에 모든 보도자료가 다 보도되지는 않는다. 그래도 최소한 1개 이상의 매체에 보도가 된다. 그럼에도 불구하고 글 쓰는 것을 죽어라 싫어한다면 그 공무원은 일찍 공직을 그만둬야 한다. 판사는 판결로 말하고 공무원은 문서로 말하는 것이니 글쓰기도 공무의 한 분야가 아닌가. 그런 공무원은 '9급 같은 7급'이라는 뒷담화를 듣게 된다.

결국 업무에 대한 뒷담화는 듣는 사람 입장에서는 기분이 나쁘겠지만 반성의 계기로 삼아 본인 스스로 경쟁력을 강화해야 뒷담화에 해방되는 것은 물론이고 월급값을 하는 셈이라는 것을 기억해야 한다.

지금이야 다른 수당으로 대체되었지만 몇 해 전까지는 5급도 초과근무수당을 받았다. 어느 5급이 있었다고 한다. 아침 일찍 출근해서는 체력단련실로 직행하곤 했다. 운동 후 샤워까지 하고 슬쩍 사무실로 가곤 했다. 당연히 말이 생겼다. 업무에 충실해서가 아니라 제 몸 가꾸기에 그렇게 지극정성이라는 뒷말이. 몇 년 지나서 큰 표창을 받게 되었는데, 또 뒷말이 생겼다. '지대한 공은 무슨 지대한 공?' 그를 알고 있는 동료들의 비아냥은 복도에서만 머물지 않고 사방으로 퍼져나갔다. 결국 본인 스스로 표창을 거부한 것으로 알고 있는데, 최소한 리더라면 공직 자세에 대해서 스스로 항시 점검해야 한다. 나도

'내로남불'인가 하고.

예전에는 후배가 선배에게 자문을 구하고 하급자가 상급자의 말을 경청하는 것을 미덕을 넘어 의무로 알았다. 덕분에 실수도 적었으며, 많이 배웠다. 예전엔 상명하달의 수직문화였다면 최근엔 수평문화가 대세다. 오히려 이것이 넘쳐 수평문화에서 더 진도를 나가지 못한다. 선배에게 자문은 고사하고 상급자의 말을 경청하는 자세도 보기가 힘들어졌다. '너는 떠들어라, 나는 안 듣는다'는 분위기가 일부에만 국한되는 게 아니라 자꾸만 확산되는 것 같아 걱정이다. 상급자에게 다가가면 무언가 주문사항을 받을 것 같아 멀리하는 것이 아닌지 염려된다. 공직은 그러면 안 된다. 내가 편안하기 위해서 공직이 존재하는 게 아니다. 주민과 국민에게 봉사하기 위해서 공직을 택한 이상 그런 자세는 하루빨리 버려야 한다. 하나라도 빨리 배워서 스스로 월급값을 하고 경쟁력을 키워 세계의 공무원과 견주어야 한다.

한때 서로 못 잡아먹어 안달하는 여직원들을 본 적이 있다. 서로 헐뜯다 못해 나한테까지 상대의 험담을 번갈아 늘어놓는데 듣는 입장으로서는 난감했다. 기능직 출신이며, 이성관계가 복잡하고 업무도 안 해놓아 후임자를 골탕 먹이니 가까이하지 마시라는 주문까지 한다. 잘난 것도 없으면서 잘난 척한다느니, 이야기를 들으면 끝이 없었다. 벌 써 몇 년째라고 했다. 서로 원수가 된 게. 상대에게 그렇게까지 지극한 관심을 보일 바에야 그런 에너지를 본연의 업무에 쏟았다면 어떠했을까. 아마도 3년 안에 업무 잘한다고 소문났을 거고, 5년 안에 업무에 능통하다고 전국적으로 알려졌으리라. 넘치는 에너지를 열정으로 승화시켜 사용했다면 전국 지방직 공무원을 대상으로 하는 '민원봉사대상'이나 '지방행정의 달인'으로 뽑히지 않았을까.

'에너지 뱀파이어(흡혈귀)'라는 말을 들어보셨는가. 이상하게 같이 근무하는 동료 가운데 동료들의 힘을 빠지게 하는 위인들을 말한다. 주요 특징으로는 빈정대거나 가시 돋친 말을 자유자재로 구사하고 툭하면 누군가에게 괜한 욕설을 한다. 뭘 좀 하려고 하면 도와주지는 못할망정 태클을 건다. 에너지가 넘친다면 제발 건강하게 관리하기 바란다.

뒷담화의 장소로는 술자리가 제격이다. 안주 삼아 오고가는 뒷담화는 듣기에도 솔깃하고 나도 모르게 귀가 먼저 움직인다. 부당한 대우나 꼴불견에 대한 이야기를 하다보면 속이 시원해진다. 더구나 듣는 이마저 동감을 넘어 공감까지 한다면 뒷담화의 가치는 더욱 커진다. 그렇지만 뒷담화에도 예의는 있다. 올바른 업무자세는 남에게만 적용하는 잣대로 사용하는 게 아니니, 말하는 이 또한 항시 자신은 어긋남이 없는지를 항상 경계해야 한다. 본인이 한 것은 이해해달라면서 남의 경우라면 이해할 수 없다고 말한다면 누워서 침 뱉기다. 공직 자세에 대한 뒷담화도 나 스스로는 지적받을 일이 없는지부터 점검해야 한다. 출장도 안 가고 출장여비 받기, 교육 참석도 안 하고 상시학습 인정받기 등을 상습적으로 하면서 남의 경우를 지적한다면 앞뒤가 맞지 않는 행위라는 것은 누구나 안다.

공직 세계에 대한 뒷담화는 이뿐만이 아니다. 인사발령 날 때마다의 인물평까지 더한다면 너무 어둡다. 그 어두운 공간에 햇빛이 들게 하는 것은 당신의 몫이다. 뒷담화가 건강하고 삶의 활력소가 되며, 공직 자세를 더욱 다듬는 계기가 되기를 희망해본다.

선배는 하느님과 동격

선배는 다르다. 아마 8급 시절이었나 보다. 하루는 동장보다는 한 단계 아래지만 전직원을 통솔하는 사무장(행정 6급)이 직원회의 석상에서 한마디 했다. 몇 사람의 잘된 점과 고쳐야 할 사항을 총론과 각론으로 이야기하다가 나에게는 "이제 공직에 들어온 지 얼마 안된 사람이 오후 6시만 되면 '칼퇴근'을 자주 하는데, 선배들한테 물어봐! 그리고 결재를 올릴 때는 대충 올리지 말고, 결재하는 상사가 궁금한 것이 없도록 만들려는 자세를 갖추고. 그게 힘들면 선배들의 계획서나 기안문을 참고해보든지!"라고 말했다. 여러 사람 앞에서 내가 거명되니까 조금은 불쾌했다. 칼퇴근과 계획서 작성 그리고 선배의 기안문이라는 단어가 각인됐다. 스스로 점검했다. 출근은 아침 8시 30분 정도 했으니 정상이고, 퇴근은 약속이 없다면 저녁 7시경에 했으니 그것도 정상. 계획서 작성은 짧은 기안문이나 계획서를 작성해서 사무장에게 결재받으러 가면 가끔 수정해주곤 했는데, 그것 때문에 치사하게 나를 콕 찍어 거명했나? 생각하니 알쏭달쏭했다. 그렇게까지 치사한 사무장은 아닌데……. 그리고 마지막인 선배의 기안문? 한번 말 나온 김에 보고 싶었다.

토목 7급인 건설담당과 행정 7급인 총무담당의 기안문을 보고 싶어서 빌려달라고 했더니 웬걸, 후배가 선배의 기안문을 보여달라는 것은 대단히 예의 없는 행동이라 하면서, 선배는 하느님과 동격처럼 어려워해야 한다는 것이다. 그래서 보여줄 수가 없다고 하니 참 기가 막혔다. 직원회의에서 사무장이 선배의 서류를 참고하라는 말을 들었으면서도 슬쩍 모른 척하고 있는 게 얄미웠다.

어찌 되었건 사무장이 말한 대로 '상사가 궁금한 것이 없도록' 하겠다는 생각에 육하원칙을 항상 계획서에 담으려고 노력했다. 며칠 후 두 선배가 근무시간에만 볼 수 있다며 선배의 캐비닛 접근을 허락했다. 하느님 같은 두 선배님에게 "고맙습니다"라고 인사했다. 이때는 결재나기까지의 긴장보다는 단순히 결재진행에만 신경 썼다. 지금이야 전자결재이니까 부서의 문서등록대장을 허락 없이 편하게 볼 수 있지만 당시에는 종이문서를 작성해서 대면결재가 원칙이었다. 전자결재는 1인 1PC가 전제조건인데, 1987년과 1988년에는 아직 1인 1PC시대가 아니었다. 아마 1990년 정도부터 전직원에게 컴퓨터를 보급한 것으로 생각한다.

선배라고 다 좋은 선배는 아니다. 선배도 종류가 있다. 대체로 공무원은 성품을 포함한 평판, 경쟁력 중에서 가장 으뜸인 업무능력 그리고 대인관계로 구분할 수 있다.

평판으로는 성실성이 우선이다. 성실한 사람인지 교활한 사람인지를 구분해야 한다. 속칭 '뒷다마'를 치는 사람은 교활한 사람이니 가까이해서는 안 된다. 그런 이는 높은 사람에게는 잘 보이려고 무진 애를 쓰면서도 낮은 사람은 업신여기는 특징이 있다. 간혹 고위직까지 진출해서 많은 부하직원을 골탕 먹이기도 하는데, 어떻게 그런 자가 고위직까지 진출하는지는 나도 알 수 없다. 그래서 세상은 요지경인가? 선배의 대표격인 상사(고위직)는 다음에 다시 언급하기로 하자.

짧은 의미로 경쟁력이라고까지 여기는 업무능력이다. 나도 처음에는 선배라고 다 업무능력이 뛰어난 줄 알았다. 몇 년 지나고 보니 '찬밥 신세'인 선배를 몇 명 봤다. 그 중에는 진짜 기안이나 각종 기획서 작성 등의 업무능력이 뛰어난 이도 있었지만 −다른 면, 예를 들어 평판이나 대인관계 미달로 도매금으로 찬밥 신세를 자초한 경우이다− 찬밥 신세인 선배는 대체로 업무능력이 부족한 경우가 많다. 대충 서류를 작성해서 겨우 결재를 통과하지만 따르는 후배가 없고 인정해주는 상사도 없다. 업무능력이 뛰어난 선배의 특징으로는 일에 빠져 있고 본인이 기안한 건에 대해서는 상사가 물어볼 때 정확하게 답변한다. 전산마인드나 자기계발에 대한 책이나 신문을 자주 읽는다. 심하면 어제 저녁 9시 뉴스에 나온 보도내용에 대하여 다음 날 나름대로 해석하고 처방을 내리곤 한다.

다음은 대인관계인데, 성격에 따라 쉽게 적응하는 이도 있고 어려워하는 선배도 있다. 아직 우리는 대인관계를 다룰 때 혈액형으로 사람의 성격을 구분한다. 과학적으로는 전혀 상관이 없다고 한다. 흔히들 A형은 소심하고, 꼼꼼하며 규칙을 잘 준수하고, B형은 활발하고 자유분방한 기질이 강하며, O형은 사교성과 승부욕이 강하고,

AB형은 합리적이고 협상능력이 뛰어난 것으로 평가한다. 하지만 혈액형으로 성격을 판단하는 나라는 이제 우리나라뿐이다. 대인관계는 혈액형보다는 적극적이냐 원만하냐(보통이냐) 아니면 소극적이냐로 구분하는 게 더 효율적이다. 선배는 최소한 원만해야 한다. 간혹 소극적인 선배에게도 뭔가 배울 것은 있다. 성격이 활발하지 못해서 그렇지 뭔가 잘하는 것이 있는 경우도 있기 때문이다. 원예나 조경 또는 글쓰기에 능한 경우도 봤다.

선배의 서류작성과 보관 상태를 보면 깔끔하다는 생각이 먼저 떠오른다. 업무가 적어서 그런 게 아니라 끊고 맺음이 있어서 각종 기안문에 군더더기가 거의 없고, 캐비닛을 열면 서류정리도 잘되어 있다.

그런 선배이기에 출퇴근시간도 크게 무리가 없다. 대체로 동에 근무하는 경우와 구청이나 시청에 근무하는 경우로 나눌 수 있다. 동사무소에 근무하는 경우 대체로 아침 8시 20분 전후로 출근하여 그날의 일정을 구상하고 신문을 보면서 새로운 소식을 접한다. 퇴근은 특별한 경우를 제외하면 대략 저녁 7시경에 한다. 구청이나 시청에 근무하는 경우에는 다르다. 거의 아침 8시경에 출근한다. 과장이 참석하는 회의가 자주 있어서 보충자료를 달라고 하는 경우를 대비해야 하기 때문이다. 그리고 늦은 오후에 과장이 회의에 들어가거나 의회 일정에 참석하는 경우에는 늦은 저녁이라도 퇴근을 못하고 대기한다. 과장으로부터 무슨 주문사항이 있을지 모르기 때문이다. 주문사항은 금방 해결되는 경우도 있지만 당장 내일오전까지 마련해야 하는 경우도 있다. 그것이 직장예절이다. 당신이 과장이라면 그런 부하가 필요하지 않을까?

간혹 앞장섰다가 빠지는 선배도 본다. 매번 맞는 것은 아니지만 대체로 바른 처신이다. 후배에게 앞장서라고 한다면 그는 이미 선배가 아니지 않을까? 내가 앞장섰으니 따라오라고 하는 게 정상이다. 빠진 다고 배신감 느낀다면 후배들에게 선배가 한턱 내고는 슬쩍 사라지는 이유를 생각해보자. 계산은 내가 했으니까 이제 편하게 먹고 가라는 얘기다. 앞에 있는 장애물(계산 등)은 내가 제거했으니 이제 후배들 끼리 편한 자리를 가지라는 무언의 응원이다.

선배가 있어 좋더라. 이는 나만의 얘기는 아닐 것이다. 고약한 선 배를 만난 경험도 있지만 대부분의 선배는 포근하고 의지처가 돼주 곤 했다.

동기 이야기

　동기(同期)가 있다면 직장생활이 즐겁다고 한다. 과연 그럴까. 처음 공직에 입문할 때는 누가 뭐래도 좋다. 낯선 공직 세계에 첫발을 들여놓고는 아직 적응이 안 되어 두리번거리거나 궁금한 것을 물어볼 때는 동기만 한 사람이 없다. 동기는 소식통이자 의지처가 되기도 한다. 상사에게 업무미숙으로 지적을 받았을 경우 퇴근길에 한잔하면서 위로받을 수도 있다. 속내를 드러낼 수 있는 사람이 내 곁에 있다는 것은 무한한 기쁨이다.

　'공시생'이었을 때는 서로 경쟁자였으나 공직에 같이 들어왔으니 경쟁자였던 시절은 슬쩍 잊어버리고 기대거나 협력이 가능하니 얼마나 좋을까. 이제는 경쟁자가 아니라고 여기니까. 게다가 다른 부서에 있지만 같은 업무를 담당하고 있다면 정보교류가 가능하기에 금상첨화다. 그러니 동기가 있으면 공직생활이 답답하지만은 않으며 제법 재미까지 느낀다. 그런 동기간에도 조금씩 틈새가 생긴다. 우선 동기라고 하면 시험동기가 있고 발령동기가 있다. 입문 초기에는 구분 없이 동기라고 말하겠으나 내부에서는 다른 거라며 구분한다. 처음에는 시험동기로 시작하지만 발령이 다르면 동기가 아니라는 얘기다.

어찌되었건 동기는 초창기엔 사이도 좋고 조직 적응에도 기여하지만 세월이 지나 한두 명씩 영전이나 승진할 때부터는 신경 쓰이게 된다. 누가 영전했거나 승진한 경우 누락자가 발생하기 때문이다. 두어 번 누락하게 되면 짜증이나면서 고민하게 된다. 나는 조직에서 인정받지 못하는 사람인가. 자괴감까지 찾아온다. 잘 나가던 동기모임에도 슬슬 불참하게 된다.

인정받는 기준이 합리적이고 검증할 수 있는 능력인 경우에는 동의하지만 그렇지 않은 경우는 개인은 물론이고 조직에도 해를 끼친다. 인사발령에 따른 후일담을 보면 알쏭달쏭한 인사배경이 많다. 인사업무를 담당하는 직원을 포함하여 인사권자에게는 신통방통한 표현 방법이 있다. 만병통치약 같은. 이번에는 연공서열을 중시했으나 다음부터는 능력 위주의 인사를 하겠다거나, 연공서열과 능력을 같이 고려했다고 말한다. 코에 걸면 코걸이 귀에 걸면 귀걸이인 셈이다. 하지만 어쩌랴. 하느님이나 부처님께서 잠시 내려오셔도 100% 만족하는 인사발령이나 공정한 업무배정을 할 수는 없지 않을까.

초기에는 형제처럼 지내다 시간이 지나면 협력과 경쟁자 관계로 변모하는 것은 어찌할 수 없는 것 같다. 이때 유의할 것이 있다. 경쟁자를 적(敵)으로 규정해서는 안 된다는 것이다. 경쟁자가 없다면 더 좋은 것 아니냐고 생각할지 모르겠으나 그런 생각은 위험하다. 만약 경쟁이 없다면 어떻게 될까. 자만하고 현실에 안주하여 결국 발전이 없어 오히려 도태된다. 경쟁은 어찌 보면 긴장이다. 긴장감이 없다면 만족도 없고 발전도 없다. 경쟁을 자극이라 생각하면서 꾸준히 노력하는 자세가 필요하다. 상호 존중하면서 당당하게 경쟁해야 옆에서 보더라도 존중받는다. 사회생활이 협력과 경쟁 그 자체가 아닌가. 정(情)을 간직하되 협력과 경쟁도 당당하게 맞이해야 하는 것이 사회다.

이런 경쟁자이던 동기도 머리에 새치가 하나씩 생기면서 청년시절의 얼굴이 중년으로 바뀌고 이내 은퇴를 맞이하게 된다. 잘나가던 동기도 세월 앞에서는 어찌할 수 없다는 것을 알고 초창기의 참한 동기 모습으로 돌아온다. 그간 앞만 보며 달렸는데 이제 은퇴할 나이가 되니 사람 사는 게 다시 보인다며. 은퇴를 앞두고 안 하던 연락도 간간이 하거나 명함 정리도 하는 때가 누구에게나 찾아온다.

한때 부천에서는 2개 구청에서 하나가 늘어나게 되어 3개의 구청 체제가 되었다. 1988년도의 일이다. 그해 전국에서 전입해온 7급(주사보)이 상당히 많았다. 서울과 인천의 중간지대인 수도권이라 근무를 희망하는 7급이 많았는데, 훗날 인사행정에 한동안 어려움이 많았다. 부천의 7급 고참은 거의 없는 반면 외지에서 온 7급 고참이 많아서 부천의 7급은 6급(주사)으로 승진할 기회가 줄어들었기 때문이다. 그 결과 1988년 7급(주사보)의 행렬이 동에서 시청으로 이어지다 못해 구청 6급(주사)까지 인사적체가 이어졌다. 부천 출신 7급이 자기지역에서 소외되는 사태가 발생한 것이다. 관운이라고 할 수밖에 없지만 시기를 잘못 만나면 인사적체의 행렬에 끼이는 불상사도 있다.

내게는 13명으로 기억하는 동기가 있다. 1987년에 만나게 된 시험 동기다. 이후 발령을 몇 차례 받아 시험 동기라 해도 발령 동기도 한 차례만은 아니다. 8급으로 승진한 후부터 차츰 동기들이 사라지기 시작했다. 누구는 국가직으로, 누구는 시 산하 공단으로 또 다른 동기는 젊은 나이에 먼 길을 떠났다. 일 년에 한두 번 만나다 몇 해는 만남이 없다가 지금은 개인적으로 연락을 주고받는다. 이제 자녀들도 30세 전후가 되어 여유가 있을 텐데도 전체가 다 모이기는 힘드나 보다. 다들 6급 팀장이거나 5급 과·동장이라 조직에서 허리 역할을 하고 있다. 최근에 5급 사무관으로 승진한 동기들은 제 부서의 업무파악과 의회에서의 답변 준비로 바쁘다. 유종의 미를 거두기 위해서는 작은 실수도 용납이 안 되는 곳이 공직이다. 명퇴나 공로연수(정년퇴직)를 결정해야 겨우 사적인 여가를 만날 수 있다. 그래도 마음을 터놓을 동기가 있으면 공직 생활에 온기를 느낄 수 있다.

당신은 이런 동기가 있는가.

자매결연도시에 대하여

　전국의 시 · 군 · 구 가운데는 자매결연도시를 갖고 있는 지역이 많다. 웬만한 시군구 홈페이지를 보면 해당지역 소개코너에 서로 교류하는 자매결연도시에 관한 내용이 나온다. 대개는 언제 몇 명이 방문하여 업무협약(MOU)체결로 진행하여 왔음을 알린다. 국내와 국외로 구분하면서 구색도 갖춘다. 조금 더 나가는 경우에는 국외를 또 두 가지로 나눈다. 국외 자매결연도시와 국외 우호도시 등으로.

　이런 자매결연도시는 누가 추진할까. 대개는 선출직인 시군구의 장의 의사가 반영된다. 다행히 한번 교류하면 업무협약서를 체결하기에 새로 선출된 시군구의 단체장도 자매결연도시를 새로 정하자는 요구를 하는 경우는 거의 없다. 상호존중이 밑바탕에 깔려 있기 때문이다. 상호존중의 취지라면 해당 지역의 주민에게도 협약을 체결하게 된 경위를 소상하게 밝혔으면 더 좋겠다. 언제 몇 명이 어디에 가서 업무협약을 체결했다는 내용 외에 왜 그곳하고 업무협약을 맺은 것인지에 대한 설명도 있어야 하지 않을까. 업무협약 체결로 상호 어떤 교류를 통해 시너지 효과를 거둘 것이라는 보충 설명이 있다면 더욱 좋겠다. 그냥 우리 지역이 어디와 교류하기로 하여 계속 추진하고 있다는 얘기는 너무 일방적이기에 하는 말이다.

호칭에 대해서도 검토가 있으면 좋겠다. 예전에는 자매도시 또는 자매결연도시라는 명칭을 썼었지만 뭔가 허전하다. 자매는 여자끼리의 동기를 말하며, 형제는 형과 아우 또는 형제와 자매인 남매를 말한다. 남매는 남자와 여자가 섞여 있는 형제를 말하고. 결국 누가 형이고 아우인지 그리고 상호 여자인지 아니면 여자인 자매처럼 지내자는 것인지 불분명하기 때문이다. 예전에는 피붙이를 상징하는 형제와 자매 같이 정(情)이 있는 사이가 되자는 취지로 사용되었겠으나, 성(性) 정체성에 대한 구분은 있어야 하겠기에 하는 말이다. 근래에는 시군구 홈페이지를 방문하면 자매(결연)도시에 대하여 대외협력도시 또는 교류도시라고 표현한 지역도 꽤 있다. 상당히 설득력이 있고 제삼자도 알기 쉬워서 좋다.

이와는 달리 읍면동에서의 자매결연 또는 교류도시 선정과 추진은 우여곡절이 많다. 시군구의 교류대상 선정은 합리적인 면이 강조된다고 하면 읍면동에서는 객관성보다는 주관성이 강조되기 때문이다. 2000년부터 전국 읍면동에 주민자치위원회가 설치되어 교류대상 선정은 읍면동의 가장 큰 자생단체인 주민자치위원회의 전유물이라 해도 과언이 아니다. 결국 주민자치위원장과 읍면동장의 협의하에 결정되는 게 보편적인데, 이때 선정기준이 애매하다는 것이다. 보통은 주민자치위원장이 읍면동장에게 제안하여 읍면동장이 동의

하는 모양새로 진행된다. 결정되는 것까지는 좋지만 이상하게도 시작은 있는데 끝이 없는 경우를 자주 목격하게 된다. 당해 주민자치위원장이 건의할 때 끝나는 시기를 못 박지 않는 탓이다. 이는 전임 위원장의 고향 또는 연고지와의 결연을 무시하고 차기 주민자치위원장이 선출되어 새로운 지역과 자매결연을 또 추진하니 기존에 진행한 지역은 끝이 흐지부지 되기 일쑤다.

이처럼 원칙과 기준이 없는 자매결연은 후유증을 낳는다. 이것을 해결하려면 앞으로라도 처음과 끝이 있어야 한다. 또한 기준이 정해져야 한다. 주민자치위원장 또는 동장의 연고지는 우선적으로 배제되어야 한다. 후임 위원장이나 동장이 또 바꾸자 하면 할 말이 없어지기 때문이다. 교류와 관련해서 속 좁게 내가 동장이니까 아니면 주민자치위원장이니까 이런 생각으로 폼 잡지 말자. 한줌도 안 되는 직위로 유세를 떠는 위인은 나중에 꼭 탈이 난다. 원칙과 기준을 무시하는 자, 그자는 이미 리더로서의 자격상실이다.

고려되어야 할 기준을 몇 가지 제시해본다. 우선 해당 시군구의 교류도시 가운데 읍면동을 선정하면 지속성이 보장되어 좋다. 다음은 역사성과 관련하여 6·25전쟁 참전국의 지역을 선정하면 국격과 보은에 안성맞춤이다. 이 경우 일부에서는 전쟁 당시 외국의 젊은이가 자유 수호를 위하여 우리 강산에 피를 뿌리면서까지 대한민국을 지킨 점을 강조하면 대부분 동의한다. 간혹 우리나라가 아직 잘 살지도 못하는데 무슨 오지랖으로 외국까지 신경 써야 하냐고 반문하는 이들이 있다. 참으로 은혜를 모르는 자다. 제 집에 불나서 제 식구를 구해주다 화상이나 부상을 당한 젊은이가 있다면 그래도 모른 척할까. 어려울 때 도와주는 친구가 진짜 친구라는 말은 지금도 유효하다.

국격과 연결지어보면 한류의 영향으로 동남아를 위시하여 여러 대륙에서 한국어가 인기가 높다. 국격과 6·25 참전국 그리고 한류(한국어 등)를 연결하면 아이디어가 많을 것이다. 다음으로는 환경과 연결하면 봄과 가을에 우리나라에 몰려오는 불청객이 있다. 황사현상이 주인공인데, 아시다시피 중국이나 몽골에서 몰려온다. 지구환경 지키기 차원에서 몽골에 관심을 가지면 좋을 것 같다. 이참에 '6·25전쟁'과 관련하여 호칭 문제를 정리하자. 1950년 6월 25일 북한의 남침으로 일어난 전쟁을 말하며, 한국전쟁이라고도 불린다. 한국전쟁(Korean War)은 국제적으로도 널리 통용되고 있으나 국사편찬위원회와 국방부는 '6·25전쟁'을 공식명칭으로 쓰고 있다는 것이다.

국내로 눈을 돌리면, 우선 우리 사회에 다문화가 차지하는 비중이 늘어나고 있음을 알 수 있다. 우리 국적을 취득하는 다문화가 증가 추세다. 주된 원인으로는 3D업종과 농업 종사를 기피하는 탓이 크다고 한다. 결혼으로 인한 국적 취득도 늘고 있다. 따라서 이들을 포용하는 문화가 요구되고 있다. 이제는 다문화도 우리 국민이다. 그들의 출신 지역과의 교류는 더 이상 선택이 아니라 필수가 됐다.

처음 자매결연이 유행하던 시절엔 도농교류가 큰 목표였다. 소비자와 생산자 간의 직접교류를 통하여 농촌의 소득창출에 기여하자는 취지가 강했다. 이제 소득 3만불 시대에 접어들었으니 도농교류도 한 단계 업그레이드할 필요가 있다. 웰빙에서 자연교육까지 확대한다면 나름의 성과도 있을 것이고 삶의 질도 향상된다.

자매결연 또는 교류도시를 정리하면, 시군구에서의 도시 간 교류는 업무협약을 체결하여 진행하는 것이 정상이나 읍면동에서의 그것은 업무협약 없는 자유로운 교류를 권한다. 특별한 사정이 있다면 모르겠으나 그렇지 않다면 특정 지역과의 업무협약 없이 교류한다면 다양한 지역과 교류가 가능하고 생산품을 꼭 팔아줘야 한다는 부담이 없다. 그래도 업무협약 체결을 선호한다면 처음이 있듯이 꼭 끝이 있어야 한다는 것을 기억하자.

연애하라는 지자체

요즘엔 지자체에서 별걸 다 한다. 하긴 처음 공직에 들어갔을 때에도 새마을 대청소라는 게 있었다. 한 달에 한 번 하다가 몇 년간은 며칠씩 하기도 했었다. 정상적인 근무시간에 하면 좋으련만 새마을 대청소는 식전부터 했다. 보통 7시부터 한 시간가량 자생단체원과 공무원이 합동으로 1시간 동안 골목길을 청소하고 불법광고물인 벽보와 스티커를 제거했다. 참여하는 사람이야 정해진 시간에 나와서 청소 후에 아침식사를 하면 되지만 담당 공무원은 할 때마다 참여자보다 1시간 먼저 나와서 준비해야 한다. 빗자루와 쓰레받기 그리고 집게와 공공용 쓰레기봉투를 준비하고 어깨띠도 챙겨야 한다. 경우에 따라서는 참여자 명부도 만들게 된다. 이후 한 달에 한 번으로 줄었다가 어느 해부턴가 폐지됐다.

그런 경험이 있기에 별걸 다하는 요즘 지자체의 행사 등을 보면 그때 일이 떠오르게 된다. 요즘 공무원은 무슨 특별한 일을 할까 궁금해서 자료를 찾아봤다. 결혼시키는 게 업무인 공무원들이 있다. 2016년 7월 대구광역시 달서구청에서 '결혼 장려팀'이 전국최초로 구성되었다. 주요 업무는 소개팅 주선하고 연애코칭까지 해서 결혼을 성사시키는 것이다. 행정에서 개입하여 애정전선의 기초를 만들어주겠다는 것으로, 은근히 웃음이 먼저 나오지만 마냥 웃을 일은 아닌 것 같다. 폐교를 살리기 위하여 노력을 아끼지 않는 지자체도 많다. 현명한 맹모의 선택을 받기 위하여 예체능교육 및 자연체험 위주로 지역 내 유능한 인적 자원을 활용하여 서울에서 지방으로 유학을 오게 하는 곳도 매스컴에서 자주 본다. 50대 남성의 희망사항인 귀농에 착안하여 귀농인구를 흡수하려는 지자체의 노력으로 귀농인센터 설치나 관련교육이 눈길을 끌기도 한다.

조금은 희한한 사례이나 일반인에 비해 공무원의 출산율이 2배라는 소식도 있다. 일반인이 공무수행이 아니라 국가의 장래를 위한 출산율을 높이는 데 기여하고자 공무원이 되려고 한다 말해도 이제는 일리가 있을 것 같다. 이십여 년 후에 소멸된다는 지방에서는 요즘 인구 늘리기에 집중하고 있다. 인구가 줄어드는 곳에서는 비상이 걸린 지 이미 오래다. 인구절벽! 인구지진! 출산율 저하! 대도시에서는 체감할 수 없는 말이지만 지방에서는 인구사수를 넘어 인구 늘리기에 행정의 모든 것을 집중하고 있다. '인구 늘리기 시책지원 신청서'라는 서식은 대도시에서는 볼 수 없다. 전라남도 어느 시에 있는 동 주민센터에서 그 서식을 봤다. 인구 늘리기 시책 지원조례를 제정하여 전입하면 여러 가지 혜택을 주겠다는 내용이다.

귀농과 관련해서 한마디 하고 싶다. 나 또한 시간문제이지 조만간 귀농 내지 귀촌할 사람이다. 시골로 귀농하는 사람은 우선 두 가지 부류다. 준비가 다 되지 않은 상태에서 귀농하거나 아니면 준비도 알차게 한 경우다. 어찌 되었건 두 가지 다 공통사항이 있다. 귀농했다가 되돌아오는 경우인데, 그 이유 중의 하나는 텃세가 심하다는 것이다. 농사가 서툴러서 여러 가지 식물을 심는 시기나 파종, 식재 간격이 마음에 들지 않는다 하여 타박하고, 어느 날 누가 와서 동네발전기금 얼마를 내라고 하고. 온통 텃세뿐이라고 말하는 경우가 자주 있다고 한다. 귀농인을 호구로 보지 말고 따뜻한 이웃으로 대하면 안 될까. 어느 특정 지역이 읍이나 면에서 군이나 시로 승격된다는 것은 무엇을 의미하는지 고민했으면 좋겠다. 승격된다는 것은 그만큼 중앙정부에서 재정 등의 지원을 받을 수 있기에 서로 승격해달라고 하는 것이다. 기반시설 또한 용이하게 갖출 수 있다.

귀농인 한 명이 일 년 지나서 안착하면 도시에 있는 가족도 내려올 수 있다. 어디 그뿐인가. 아는 친구와 지인들도 긍정적으로 귀농을 검토하게 된다. 시골에서 고구마 한 줄기 캐어내면 줄줄이 딸려 오는 고구마를 볼 수 있듯이 줄줄이 내려온다. 그런 좋은 기회를 텃세로 날려 보낸다는 것은 너무 아깝다. 무지의 소치치고는 대가가 너무 비싸다.

이미 출생을 알리는 아기울음 소리가 멎은 지역이 많고, 동네에서 어린이를 볼 수 없는 곳 또한 제법 된다. 사람 사는 세상에서 사람만큼 귀한 존재는 없다. 대도시에서도 은퇴하면 예전의 직책이나 나이를 따지지 말라고 하는데, 유독 시골에서만 나이와 텃세가 아직도 횡행한다면 그 지역은 인구절벽과 인구지진을 오랫동안 감수해야 하지 않을까.

최근에는 저출산과 고령화로 인해 전국의 시·군·구 중 84곳이 30년 내에 사라질 수 있다는 분석도 있었다. 시군구가 사라진다는 의미는 해당 지역의 명칭이 사라지게 되는 것은 물론이고, 그곳이 고향인 사람에게는 고향이 사라질 수도 있다는 의미다. 그럼 고향 없는 사람도 생긴다는 얘기이니 해당 지역의 주민과 공무원에게는 최대의 관심사일 수밖에 없다. 인구학에 문외한인 나로서도 인구 증가를 위해서는 자녀교육, 직장 내지는 취업문제, 교통 등이 해결되고 생활용품 구입에 필요한 전통시장이나 대형마트입점, 대형병원 등을 갖추어야 할 것으로 보인다. 그렇지 못한 지역이라면 손 놓고 있을 수만은 없을 것 같다.

저출산과 젊은 층의 지역흡수 방안이 지역에서 이루어지고 지방분권형 행정체계를 대비한 지자체의 노력이 있어야 하겠지만, 곧 넘어올 권한과 재원을 효율적으로 추진할 수 있는 학습의 장(場) 마련을 위한 지자체의 선제적인 대응책도 있어야 하겠다.

봄 소풍과 평가

공무원도 소풍을 간다. 연 2회 갈 수 있다. 춘계 체육주간과 추계 체육주간을 주로 활용한다. 예산은 정원외 가산업무추진비에서 쓴다. 관공서에서 사용하는 행사예산은 야박한 편이기에 1인당 기준이 있어 밖에서 생각하는 것처럼 펑펑 쓰지는 못한다. 늘 부족한 예산이라 행사를 주관하는 과·동장이나 담당자로서는 마음이 그리 편한 편은 아니다. 그래도 일부 부서에서는 넉넉하게 여유 있는 소풍을 가서 타부서의 부러움도 사는 경우가 있다.

소풍은 체육주간에 가기 때문에 주로 등산이나 탁구 또는 볼링 후 단체회식으로 이어진다. 모처럼 같은 부서의 직원 전체가 모이는 날이기에 기분도 좋아진다. 예전에는 주중 오후에 시작해서 저녁에 끝나는 경우가 있어 같이 떠나지 못한 사무실 필수요원은 늦게 합류하곤 했다. 사무실에 남아서 먼저 떠난 동료의 업무까지 마치고 출발해서 늦게 참석하는 필수요원의 불만과 근무시간에 시작함으로써 빚어지는 업무 공백에 따른 민원인의 불편을 예방하기 위해서 요즘에는 저녁 6시 이후 또는 토요일 등을 이용한다. 공무원에 대한 불필요한 평가나 오해의 시선을 없애고 있는 추세다.

대개는 등산을 선호하며, 장소로는 예전엔 과 · 동장이 본인의 연고지나 다녀왔던 지역을 추천하면 그대로 선정되었다. 최근에는 전체 직원에게 1안부터 5안까지 추천을 받아서 장소를 결정하고 있다. 그만큼 공직사회도 수직문화에서 수평문화로 바뀌고 있다.

이런 행사에 드는 비용은 부서마다 다르다. 교통비에다 식사와 음주 그리고 안주가 포함되기 때문에 가난한(?) 부서는 간소한 소풍을 다녀와야 한다. 비용이 풍부한 부서는 특별한 대책이 있기 때문인데, 연말평가와 관련이 있다. 대부분의 시 · 군 · 구에서는 1년간 추진한 업무에 대하여 평가를 실시한다. 소위 연말평가다. 보통 15개 내외의 범위를 선정하여 1년 전인 12월이나 늦어도 2월 전후해서 평가를 한다는 공문을 전체 부서에 보낸다. 선정된 부서에는 표창과 상금이 주어진다. 시 · 군 · 구의 장의 표창은 나중에 혹시라도 징계당할 때 표창을 받은 것으로 감경할 수 있는 도지사급 이상의 표창이 아니기에 큰 매력은 없으나 그래도 표창이니 당연히 기분은 좋다. 표창을 받아야 상금을 받을 수 있는데, 관공서의 상금은 일반인이 생각하는 상금과는 거리가 멀지만 그래도 10만원에서 2백만원까지의 금액을 받는다. 물론 지역에 따라 다소 차이는 있을 수 있다. 상금을 받는다는 것은 누군가 기여했다는 얘기지만 부서 명의로 받는 표창이라 담당자에게 지급되는 금액은 아니다. 일부에서는 담당자에게 약간의 금액을 주고 나머지는 다음 해의 소풍비용으로 저축해둔다.

이런 남모르는 용돈(?) 내지는 비상금이 있기에 소풍을 가더라도 구경도 잘하고 잘 먹었다는 부서가 있어 타부서의 시샘도 받는다. 이런 까닭에 공명심이 많은 일부 과·동장인 경우 연말이나 연초부터 직원들을 달달 볶는 것으로 악명을 떨치곤 한다. 심지어 업무보고회를 매월 갖는 경우도 있어 직원들이 스트레스를 받곤 하는데, 그래도 연말평가에서 성적이 좋을 경우 소풍 갈 때는 다들 좋아한다. 넉넉하게 다녀올 수 있다고.

평가대상은 15개 내외로 지역마다 특성이 있어 다르다. 참고로 행정복지센터로 변경되기 전인 2014년 7월 1일부터 2016년 2월 14일까지 부천시 상2동 행정팀장으로 재직할 때인 2015년 시(市) 연말평가에서 받은 분야별 성적표는 다음과 같다.

최우수는 지식행정 수준진단 우수부서, 참여예산 주민회의 운영, 반부패 청렴마일리지제 등 3개이며, 우수로는 주민자치센터 운영(시, 구), 공무원 연구모임 경진대회, 세입체납 통합정보시스템 운영 실적 평가 등 4개이다. 총 7개로 최다 표창이었다. 덕분에 이듬해 봄 소풍은 여유롭게 다녀올 수 있었다.

평가와 관련해서 부서평가만 있는 게 아니다. 부서평가이면서 개인평가인 성격으로는 전국주민자치박람회 본선이 있다. 전국 읍면동의 주민자치위원회가 참가대상이지만 본선에 진출시키기 위한 숨은 노력을 인정받는다. 왜냐하면 아직 완벽한 100% 주민자치를 하는 주민자치위원회를 육성시키지는 못했지만 바로 한 단계 아래인 전국주민자치박람회 본선에 진출시키느라 위원회와 협의하여 큰 성과를 냈다고 담당자에게 도지사 표창이 주어질 수 있다.

앞에서도 언급했지만 공무원은 본인이 일을 잘한다고 해서 징계를 안 받을 수는 없다. 연대책임이라는 것이 있다. 여기에서 자유로운 공무원은 없기 때문이다. 흔히 스스로 운전만 잘하면 교통사고는 일어나지 않을 것으로 알고 있으나 사실은 그렇지 않듯이 예상할 수 없는 사태가 발생하기도 하여 공직자는 늘 만일의 사태에도 대비해야 한다. 도지사 이상의 표창을 받아두면 나중에 예측 못한 일로 징계대상이 되는 경우 과거에 받은 표창을 반납하고 징계를 면하는 감경조치를 받을 수 있다. 전국주민자치박람회 본선진출이 확정되면 연말을 전후해서 −시군구마다 차이는 있겠지만− 최소한 도지사 표창과 연말에 실시하는 근무평정, 승진후보자 순위 상향과 해외견문 대상자 선정, 다음 해 성과상여금 한 등급 상향 등의 혜택을 받을 수 있다.

이외에도 전국단위 개인표창으로는 민원봉사대상과 지방행정의 달인 등은 장관급 이상의 표창은 기본이고, 최소 1호봉 승급 내지 특별승진을 할 수 있으며, 경우에 따라서는 해외연수와 강의 기회도 주어진다. 민원봉사대상은 행정안전부와 SBS가 공동주관하여 매년 실시한다. 지방행정의 달인은 행정안전부와 서울신문사가 공동주최하여 매년 10여 명의 공직자를 선발하고 있다.

공직에는 업무추진에 따른 어려움과 고약한 민원에 따른 애환도 많지만 이렇게 부서와 개인에 대한 표창 기회도 많다. 간혹 그까짓 표창이 무슨 대수냐고 하는 일부의 직원도 있지만 그렇게 할 능력도 없다는 고백에 지나지 않는다. 그러니 평가는 괴로운 게 아니라 즐거운 것이며, 긴장감도 느낄 수 있어 혹시 모를 나태함에 빠질 위기에서도 벗어나게 해준다. 평가와 관련해서 한마디 덧붙인다면 평가의 매력에 이끌린 나머지 평가 위주로만 업무를 추진하는 자세는 항시 경계해야 한다. 아울러 공직생활은 멀리까지 내다보는 안목이 있어야 발전가능성이 높다는 것은 누구나 공감하는 말이다.

평가와는 거리가 있지만 공무원에게는 소양과 특기 권장을 위한 몇 가지 기회가 있다. 공무원 문예대전과 미술대전 그리고 음악대전을 말한다. 가장 오래된 것이 공무원 문예대전으로, 전·현직 공무원을 대상으로 한다. 미술대전에 이어 음악대전은 가장 나중에 생겼다. 자세한 내용은 인사혁신처 홈페이지에서 확인할 수 있다. 공고 시기가 일정하지는 않으니 대략적인 시기만 알고 있다가 자주 확인해야 기회가 주어진다.

만만한 공직은 아니지만 그래도 보람과 자부심을 느낄 수 있는 장치도 있다. 어려움이 있을 때는 마음고생만 하지 말고 항상 경쟁력을 염두에 두어서 책과 신문에 다가가면 예방효과도 있다. 아울러 업무 실적으로 인정받는 것과 개인적인 취미와 특기를 살릴 수 있는 마당이 의외로 많이 있다는 것을 염두에 두어 업무와 개성이라는 두 마리 토끼를 거머쥐는 공직자가 되기를 바란다.

상사에게도 '한 방'은 있다

　무척이나 부서장과 동료들 속을 썩이는 직원이 있었나 보다. 그 많은 업무 중에서도 단순한 업무만 배정받았다. 업무도 서툴렀다. 남들은 동에서 구청으로 영전을 하던 시절에 그는 허구한 날 동 주민센터에서 동 주민센터로만 발령이 난다. 그래도 불평은 그칠 줄 몰랐다. 상사에게 한 방 먹은 경우라 판단되는 사례다.

　민간분야나 공직에도 잘난 사람이 있는가 하면 보통인 사람도 있고 못난 사람도 있다. 공직에도 공채출신이 있고 비공채 출신이 있다. 공채 여부를 떠나 못난 사람이라고 찍히면 앞길이 험난하다. 비공채 출신이면 그래도 공채가 아니니까 크게 질책을 당하지는 않는다. 공채출신이면서도 낙인찍히면 참으로 고달프다. 공채출신이라 '공부머리'가 있으니 '일머리'도 있을 거라고 생각해주지만 꼭 그렇지는 않은 것 같다. 낙인찍히기 전부터 동료와 상사의 눈 밖에 나지만 그 이전에는 무수히 많은 날들 동안 동료와 상사를 괴롭힌 셈이다. 왜 같은 밥을 먹고 남의 속을 썩이며 애간장을 녹일까. "저 친구하는 일은 항상 불안해!" 이런 말은 같은 동료에게서 들을 말이 아니다. 소통이 안 되거나 업무능력이 떨어지는 경우라고 하겠으나, 불평불만보다는 스스로 나아지려는 노력과 자세가 절실히 요구된다.

공직 세계에서는 업무능력이 떨어진다고 해서 퇴출되는 게 아니라 여겨 본인의 경쟁력을 강화하려는 자세마저도 미흡하면 강제퇴직은 안 당하지만 낙인효과는 톡톡히 보게 된다. 상사도 업무능력이 미흡한 직원에게 보여줄 '한 방'이 있다는 것이다. 보통의 방법으로는 다면평가와 근무평정이 있으며, 성과상여금과 승진후보자 순위에서 고전을 겪게 된다. 일을 못하는 건지 아니면 안 하는 것인지는 모르겠으나 그렇게 여러 동료를 어렵게 만들면 훗날 부메랑이 되어 본인에게 돌아온다는 것이다.

한때 어느 시에서는 대기발령제가 있었다. 너무 가혹하다 하여 5급에 한정했다. 대상은 과·동장이었으나 3개월간 직위를 부여하지 않은 채 재활용 분류 업무에 종사하게 하다 복귀시켰다. 복귀 후에는 더 이상 대기발령제 대상은 되지 않았다. 후에 5급 이하로도 확대하자는 여론도 있었지만 직무능력이 미흡하다 하여 시행한 대기발령제는 더 이상 진행되지 않았다. 개인적으로는 대기발령제가 전체 직급으로 부활되었으면 한다. 공정하고 공감이 가는 기준을 세워서라도. 직무능력이 미흡하면 부끄러워야 하는데, 말로만 업무를 수행하려는 이가 간혹 보이기에 하는 말이다.

불편한 진실이지만 민간부문이건 공직이건 간에 인사리스트가 존재하지 않을까. 기피인물 말이다. 누가 어느 부서에 발령이 날 것이

라는 얘기만 들려도 그 부서는 비상이 걸릴 것 같다. 아니 해당 부서
장이 사전예방 차원에서 항의할 것만 같다. 그 직원 인사부서에서 소
화하고 인사부서의 해당 직급자를 우리 부서에 발령 내라고. 기피인
물도 이젠 철 좀 들자. 비싼 밥 먹고 왜 천덕꾸러기로 존재해야 하는
지. 아울러 기피인물에 대한 해소 프로그램을 만들어야 한다. 그의
공직이 끝나는 날까지 그를 기피인물로 방치하는 것은 조직의 직무
유기 아닐까.

공무원의 파견근무

  공직에 있으면서 외부기관이나 단체로 파견근무를 간다는 것은 설레는 일이다. 그곳에 가면 오아시스가 있고 원대한 꿈이 이루어질 것 같은 기분도 든다. 남자라면 더욱 가고 싶다. 집안 걱정에서 해방이고 오로지 주어진 업무에만 매진하면 된다. 낯선 직원들을 알게 되는 재미도 있다. 새로운 분야에 대해 배우게 되는 것은 덤이다. 흥미진진한 파견근무지만 멀리 떨어진 곳이라면 아내의 눈치도 봐야 한다. 저 혼자 사무실 일만 하겠다고 집안일에서 도망치는 것 아니냐는 의구심도 잠재워놓아야 한다.

  고참 7급 시절 시청 교통행정과에서 화물자동차 인허가 업무를 담당했을 때다. 2009년 1월경에 사단법인 부천세계무형문화유산엑스포 조직위원회에 파견근무 희망자를 모집한다는 공문이 접수됐다. 격무 부서로 인정하여 실적가점을 준다는 문구에 눈이 꽂혔다. '뭐야, 화물자동차 인허가 업무는 격무가 아니라는 얘긴가?' 순간적으로 화가 났다. '각종 인허가 업무에 시달리고, 잘못하면 소송도 수행해야 하며, 업무 폭주로 주중에는 저녁 10시경에 퇴근하고 토요일에는 저녁 6시, 일요일에는 오후 4시에 퇴근하고 있는데, 부천세계무형문화엑스포 조직위에서 근무하는 게 격무라 이거지' 즉시 지원서를 냈다. 2009년 3월 2일 자로 엑스포 조직위 파견근무 인사발령이 났다. 엑스포 행사를 성공적으로 마무리한 후 2010년 11월 1일 자로 복귀하였으니 1년 8개월을 파견근무한 셈이다. 그 기간 중에 6급으로 승진했다.

엑스포조직위에서 민간인 전문가들과 같이 근무하게 된 것은 지금도 행운이라고 생각한다. 공직에 있으면서 외부기관에 일정기간 파견근무 한다는 것은 누구나 하고 싶다고 할 수 있는 건 아니다. 조직위는 민간인이 최고위직인 사무총장 아래 2개 부서가 있었다. 공연과 전시 그리고 홍보와 산업마케팅은 외부전문가인 총감독이 부서장이고, 그 외 운영·재정·시설 등은 사무차장이라 하여 5급 공무원이 부서장이었다. 공무원만 있는 파트와 공무원과 민간인으로 혼성된 파트였다. 혼성된 파트에는 꼭 공무원이 1명씩 있었다. 민간인 전문가를 통제하기 위해서가 아니라 문서의 틀과 결재 후 실행을 원칙으로 해야 하는데, 민간인 전문가들은 문서화작업과 사전 결재 등의 공무원 문화에 익숙하지 않았다. 민간인 전문가들은 결과만 좋으면 되니까 과정은 너무 챙기지 말라고 주장하고, 공무원은 결과도 중요하지만 과정도 준수해야 한다는 원칙이 몸에 베인 사람들이라 가끔 불편을 겪었다. 그래도 합동 워크숍과 벤치마킹 등을 실시한 후 어느 정도 시간이 흘러가자 민간인 전문가들도 과정을 준수하는 모습을 보였다.

　내가 배치받은 부서는 민간인 전문가를 총괄하는 총감독 밑에 있는 산업마케팅부로, 수익사업 · 휘장사업 · 협찬 · 시설영업 · 입장권 사업 · 판매사업 · 광고사업 추진 · 무형문화재 경매 및 산업화 후원회 등을 담당했다. 내 업무는 입장권 사업과 외국인 유치 및 후원회 지원이었다. 부장이 민간 외부 전문가이고 내가 차석이며 3명의 민간인이 있었다. 외부 전문가인 민간인은 공무원과 달리 자유분방하고 톡톡 튀는 아이디어도 다양했다. 우선 고정관념이 없다보니 신선했다. 공무원 파트가 아닌 부서에 공무원이 한 명씩 배치된 것은 간혹 중구난방으로 정리되지 않는 때가 있었는데, 특히 문서의 틀이나 각종 계획이나 추진사항에 대해 실천 가능성을 사전에 체크해줘야 했다.

　내 업무에서 후원회사업은 담당자가 따로 있어서 주로 문서의 틀 위주로만 검토했었기에 고유 업무는 입장권 사업과 외국인 유치인 셈이었다. 말이 좋아 입장권 사업이지 입장권 판매와 단체관람객 유치를 포함한다.

　외국인 유치는 조금 큰 외국인 시설이나 단체는 3개 국어에 능통한 홍보부의 이미정 씨가 담당하고 소규모의 다문화센터나 외국인학교 등은 내 몫이었다. 외국인 유치 업무를 담당하니 영어에 능숙한 것으로 오해하겠지만 나는 영어에 서툴다. 그냥 방문한다. 예약도 없이. 호남이나 영남은 우편물 발송으로 대신했지만 수도권은 직접 방문했다. 영어도 능통하지 않지만 외국인 시설을 방문하는 내 발걸음은 가볍기만 했다. 최소한 영문 안내문은 있으니까. 다행히 가는 곳마다 한국인이 1명은 있었고 아니면 한국어를 할 줄 아는 외국인이 꼭 1명씩은 있었다. 어느 외국인학교를 방문했을 때는 문이 열려 있어 들어갔는데 교무실의 어느 외국인이 사전예약 없이는 들어오는 게 아니라고 말했다. 우선 미안하다고 말하며, 기왕에 들어왔으니까 방문하게 된 이야기를 나누고 홍보물을 건넸다. 사전예약이 예의라는 것을 처음으로 알게 되었다.

이렇게 발품을 팔아 2010년 9월 28일부터 시작한 부천무형문화엑스포는 10월 12일까지 15일간 개최되어 일평균 5400명이 관람했다. 부천무형문화엑스포는 2008년이 1회나 2회인 2009년에는 신종인플루엔자 확산으로 행정안전부의 '국제행사 취소 권유'에 따라 취소됐다. 첫 회는 처음이라 다소 세련되지 못하였으며, 두 번째는 취소되었기에 2010년에는 취소된 해의 몫까지 감당해서 전통문화의 승계와 창달이라는 자부심으로 4천여 명의 외국인 관람객을 유치했다. 다음은 성공적인 행사 개최결과에 대한 부천신문 2011년 1월 5일 자의 기사내용이다.

한국정책평가연구원이 발표한 '2010 부천무형문화엑스포 만족도 조사' 자료에 따르면 일반관람객의 73.8%는 부천엑스포행사를 통해 부천시의 이미지가 향상됐고, 부천시민의로서의 자긍심 고취에 도움이 되었다고 응답했다. 또 74.5%의 관객들은 부천무형문화엑스포 행사 관람 이후 무형문화에 대한 이해와 관심이 높아졌고, 81%는 무형문화 발전 및 문화교류에 기여했다고 응답했다. 특히 81%의 관객들은 부천무형문화엑스포 행사

관람 및 체험이 무형문화교육효과에 상당한 도움이 되었다고 응답했다. 또 외국인 만족도 조사에서도 92.8%가 부천무형문화엑스포가 한국무형문화를 이해하는데 도움이 됐고, 세계무형문화 발전 및 문화교류에 기여했다는 평가를 내렸다. 외국인들의 78% 이상은 부천무형문화엑스포 프로그램이 관람객에게 새로운 경험과 감동을 주었다고 응답했다. 내국인 역시 70% 이상이 새로운 경험과 감동을 주었다고 응답했다. 이번 조사는 2010년 부천무형문화엑스포 개최기간인 지난해 9월 28일부터 10월 12일까지 15일간 진행됐으며, 회수된 설문지 가운데 부실 기재한 것과 기재내용을 신뢰할 수 없는 것을 제외하고 총 1,364명을 분석 자료로 사용했다고 한국정책평가연구원은 밝혔다. 이번 조사에 참여한 대상은 일반관객 1,135명, 무형문화재 및 참가단체 63명, 자원봉사자 55명, 외국인 110명이다.

이러한 호평에도 불구하고 새로 선출된 시장의 부천무형문화엑스포를 폐지 공약과 여러 가지 이유 등으로 당초 6대 문화사업에 속해 있던 부천무형문화엑스포는 어느 날부터인가 만화와 영화 등 5대 문화사업으로 축소되어 사라지게 되었다.

전임 시장과 새로 선출된 시장 사이에 끼었던 부천무형문화엑스포는 전국의 지자체에서의 사례와 같이 '전임 시장 흔적 지우기'에 묻히게 되었다는 일부의 주장이 있었다. 현장에서 보기에는 안타까웠다. 그 와중에 당초 전임 시장 밑에서 파견 나온 공무원 책임자가 시장이 바뀌었다는 현실에서 전임과 후임 사이에 오가며 고민하는 모습은 공무원이 왜 직업공무원이어야 하는지를 느끼게 해주었다.

'국가는 전통문화의 계승·발전과 민족문화의 창달에 노력하여야 한다.' 대한민국 헌법 제9조다. 왜 이 조항이 자꾸 눈에 밟히는지 모르겠다. '국가'에는 지자체가 안 들어가는지 아니면 명확하게 '국가와 지자체는'이라고 명시되지 않아서 그런지 알 수 없으나 한때 전통문화에 종사했던 사람으로서 답답한 마음 감출 수 없다.

그럼에도 불구하고 파견근무는 매력적이다. 여러 가지 사례를 접할 수 있는 것도 있지만 민간부문에 접할 수 있는 것이 가장 큰 장점이다. 민간분야의 인재들과 함께 근무하면서 그들의 사고방식과 새로운 분야의 업무를 접하는 것은 아무 때나 누구에게나 열려 있는 것은 아니다. 최근 평창올림픽이나 전국체전을 비롯하여 행정안전부와 청와대까지 교류의 문이 열려 있다. 공직에 있다면 한 번쯤은 파견근무를 권하고 싶다. 우물 안 개구리나 골목대장으로 만족하지 않고 더 넓은 세계로 진출하여 폭넓은 시야와 사고의 유연성을 키운다면 본인의 업무능력이 확장되고 경쟁력 또한 증대되지 않을까 싶다.

승진과 영전

공직에 처음 입문했을 때 영전이나 승진이라는 단어는 생각하지도 않았다. 어느 날 갑자기 사무실 벽에 있는 스피커에서 소리가 흘러나왔다. "1990년 8월 16일 자 인사발령 사항을 알려드립니다." 이윽고 내 이름도 들렸다. 8급인 서기로 승진됐다. 9급을 졸업하니 기분이 좋았다. 그날 저녁 몇몇이 어울려 한잔했다. 공직은 대한민국 헌법 제25조 '모든 국민은 법률이 정하는 바에 의하여 공무담임권을 가진다.'에 의해 공무를 수행하면 된다고만 생각했지, 영전이나 승진에 대해서는 크게 생각해본 적이 없었다. 그날 승진 소식을 접하고서야 '아, 공무원도 영전과 승진이 중요하구나!' 라고 생각했다.

인사발령이 나면 공직 세계는 2주일 정도 분주해진다. 임용장을 받고 배정받은 부서에 가서 인사한다. 전임자, 후임자와 업무 인수인계를 한다. 서류는 캐비닛에 있고 자료는 컴퓨터에 있다며 다 인계해줬다는 부류를 만날 때는 고약하기도 하지만 난감하다. 실제로 7

급 달자마자 그런 일을 겪었다. 그날 이후로 그 사람과는 인사도 안 하게 되었다. 전임자와 후임자 간의 인수인계가 끝나면 동료들 차례다. 같이 근무했으니 영전과 승진을 축하해준다. 으레 축하 화분이 먼저 배달된다. 잘 몰랐을 때는 화분을 많이 받으면 영향력도 크고 아는 사람이 많은 줄 알았다. 잘 알지도 못하는 사이인데도 보내는 경우도 간혹 있었다. '보험용' 화분이라고, 나중에 잘 봐달라는 의미로 보내는 것이었다. 화분과 함께 배달되는 품목으로는 방석과 등받이가 있다. 열심히 책상에 달라붙어 일하라는 의미이기도 하지만 인사치레의 필수품이기도 했다.

나도 7급 중반까지는 화분을 보내다가 남들처럼 하다보니 뭔가 허전했다. 나만의 상품은 없을까 고민하다가 책 선물로 바꿨다. 나와 같이 근무한 동료니까 내가 잘 안다. 성품과 성격과 무엇이 넘치고 부족한지. 마침 결혼하면서부터 중앙일보를 구독해서 신문에 나오는 신간소개를 보고 목록을 만들어두고 있었다. 연번, 제목, 지은이, 출판사, 정가, 구독하려는 사유를 엑셀로 만든 나만의 도서목록인데, 효과를 톡톡히 보고 있다. 비용은 대략 3만원 이내다. 책값이 보통 15,000원 정도이니 2권을 선물한다. 받아보는 입장에서는 화분은 전시용이라 기분은 좋지만 오래가지는 않는다. 반면 책은 두고두고 오래 볼 수 있어 실속이 있다. 마침 상대방에게도 필요한 책이니까. 물론 화훼농가에게는 미안하다는 생각이 들곤 했지만 많은 이들이 책을 선호하지는 않는다. 내 경우 책을 고집하게 된 이유로는 출판문화 진흥이라는 국가시책보다는 책을 보면 기분이 좋아지고 새로운 지식을 접할 수 있다고 생각하기 때문이다. 책을 죽어라 구입하지 않고 안 읽는 사회는 성장보다는 쇠퇴의 길로 가는 사회다. 사회가 그럴진대 개인은 오죽하겠는가. 최근에는 도서상품권이나 문화상품권도 받게 된다. 정확히 상대에게 무엇이 필요할지 장담할 수 없어서 건네는 품목인데, 요긴하게 쓴다. 책을 보면 중산층이고 안 보면 중산층이 아닌 사회가 얼른 왔으면 좋겠다.

인사발표가 나면 뒷담화도 활개를 친다. 사전에 인사 하마평이 있는 경우도 있지만 뒷담화는 빠지는 법이 없다. 대부분 공정한 인사라는 것보다 혹평이 많아 읽는 재미도 있다. 인사의 최대 목표는 인재의적재적소. 방침으로는 따뜻한 인사로 알고 있는 연공서열형과 인재를 활용하려는 능력형이 있다. 때로는 2가지를 혼합하는 경우도 있다.

어찌 되었건 인사가 만사라고 하는데, 전국의 시도나 시군구 어디에서건 인사담당을 외부인사로 공개모집하는 경우는 드물다. 중앙 부처인 인사혁신처의 경우에도 처장을 외부인사로 하는 경우도 있지만 항시 그렇지는 않은 것 같다. 외부전문가를 인사담당자로 하면 가장 합리적으로 인사를 할 수 있는데도 안 하려는 이유는 뭘까? 간단히 말하면 '표' 때문이다. 선출직이기에 유권자를 의식할 수밖에 없다. 후보시절 공약발표도 했기에 그것을 이행하려면 합리적 인사로는 부족하다고 판단하기 때문이다. 공약이행부서와 비서실 또는 부속실에 근무하는 '자기 사람'에게 혜택을 주어야 한다. 이런 관계로 7급에서 6급으로 승진하기 위한 실재 소요기간이 14년이라고 할 때 '자기 사람'에게만은 예외로 9년 내지 10년 만에 승진시키는 경우가 왕왕 있는 것 같다. 간첩을 잡은 것도 아니고 지방직이라 국익을 위해 큰 성과를 내기도 어려울 텐데도 말이다. 그래도 자기 사람과 남의 사람 사이에서 고민하는 단체장은 양심 있고 지방자치를 아는 사람이다.

인사가 만사(萬事)라 하지만 잘못하면 망사(亡事)가 된다. 아직도 학연, 혈연, 지연이라는 3연에 얽매인다면 말이다. 선거 때마다 악령처럼 따라다니는 것이 있다. 지역감정! 언제 그 감정이 끝날지는 모르겠으나 조속히 끝났으면 좋겠다. 우리끼리만 뭉치자는 저 징그러운 지역감정! 어느 시에서는 예전엔 호남 출신은 총무과에 아예 근무하지도 못했다고 한다. 어느 시에는 호남이나 충청 출신 아니면 계속 한직으로 돌아야 한다. 영남 아니면 명함도 못 내민다는 곳도 있다. 하긴 선거 때마다 처음에는 후보자의 공약과 됨됨이를 보고 투표하자고 말하면서 투표하는 날이 다가오면 그 지역감정이라는 망령이 되살아나서 쏠림이나 '묻지마 투표'가 횡행하고 있으니 공직도 예외일 수는 없나 보다. 당신이 인사담당자라고 한다면 이런 망령과는 친하게 지내지 말 것을 부탁한다.

인사와 관련해서는 2가지를 덧붙이고자 한다. 요즘 시군구에서는 전문관 제도를 택하는 곳이 늘고 있다. 업무의 전문성을 확보하려는 노력이다. 계약·홍보·세금·문화행정 등을 대상으로 하고 있다. 말이 많으면 탈도 많다고 하는데, 전문관 제도도 당초 취지와는 달리 특정인의 승진을 위한 도구로 사용되고 있는 게 아니냐는 의구심을 불러일으키기도 한다. 제도를 만들 때 여러 가지를 검토했음에도 불구하고 부작용이 있다면 공정한 운영을 위해 재검토할 필요가 있다.

행정안전부에서는 전국의 지방직 공무원을 대상으로 매년 10명 내외를 '지방행정의 달인'으로 선정하여 전국으로 사례를 확산시키고 있다. 전문관 제도에 선발된 직원은 해당 부서에 근무함을 원칙으로 하면서 유독 행정안전부의 '지방행정의 달인'으로 선정된 직원에 대해서는 보직관리가 다소 미흡하다. 시군구에서 행정안전부를 우습게(?) 보는 것인지 아니면 선정된 직원이 조직에 불충(?)한 것인지는 알 수 없으나 인재를 방치하면 결국 해당 지자체만 손해다. 내 입맛에 맞는 직원만 필요하다는 일부 단체장의 견해에 동의할 수 없는 이유다.

공무원을 분류할 때 '어공'과 '늘공'이라는 말을 요즘에 자주 듣는다. 어공은 '어쩌다 공무원'을 말하고 늘공은 '늘 공무원'을 말한다. 알다시피 선출직인 단체장을 비롯하여 학자 등 외부출신의 고위관료가 어공이고, 직업공무원이 늘공이다. 어공은 가끔 점령자처럼 행세해서 물의를 일으키기도 한다. 일하는 스타일과 동기부여 방식에서 충돌하기도 한다. 어공은 목표지향성을 가지고 있어서 늘공을 속물적이라 생각하고, 늘공은 과정과 수단을 중시하기에 어공이 뜬구름만 잡는다고 생각한다. 어차피 어공과 늘공은 함께여야 한다. 충돌은 침몰이자 세금낭비다. 결국 균형감이 필요한데, 이는 오롯이 최종 관리자의 몫이다. 그런 의미에서 최근 공직에도 전문화 바람이 불고 있다. 시군구의 전문관과 행정안전부의 지방행정의 달인은 공직의 자부심이다. 존중되어야 할 가치이지 무시되어야 할 대상이 아니다. 균형감 있는 어공이 보고 싶다.

인사에도 뒷골목이 있다. 영전과 승진을 포기한 동료가 있다. 자존심이 센 경우고, 미리 승진 가능성 여부를 알고 있다. 보통 공무원은 영전과 승진을 좋아한다. 그럼에도 불구하고 그것을 포기했다면 뭔가 의미심장하다. 해당 업무에 만족하고 있고, 그 업무의 전문가를 꿈꾸고 있는 경우다. 이런 경우에는 존중해줘야 한다. 특히나 퇴직을 앞둔 말년이라면 말이다. 공직에도 전문화 바람이 불고 있는 터에 느닷없이 영전이라는 형식을 빌려 그 사람을 다른 업무로 몰아넣어서는 그 조직은 미래가 없다. 그냥 놔두자. 그것이 영전과 승진을 포기한 해당 업무 전문가에 대한 최소한의 예의다. 조직에서 명령한 것을 조직원이 싫다 하면 떠나야 하는 것 아니냐는 해괴한 논리는 돌격대장의 우격다짐이다. 그저 윗사람의 지시사항이면 무조건 따르는 돌격대장은 지자체의 발전을 좀먹는다. 인사가 망사인 경우다.

승진과 영전에 비해 다소 주목받지는 못하지만 표창과 징계 또한 공무원 세계에서는 기쁨과 아픔을 준다. 누가 장관 표창이나 대통령 표창을 받았다면 표창받는 자리에서만 박수치지 오래 기억해주는 이가 드물다. 그러나 누가 징계 당했다거나 음주운전에 걸렸다는 얘기는 널리 전파된다. 그것도 아주 신속하게. 공무원 세계는 가끔 이상한 조직이다. 2008년까지는 부서가 아닌 개인 자격으로 장관 이상의 표창을 받으면 실적가점을 받았는데, 그 이후로는 폐지됐다. 이유인즉 내가 국민신문고에 2011년 1월 30일 자로 정부 표창 인사운영 규정(실적가점) 반영 개선방안을 공모제안한 후 2011년 2월 8일 자로 받은 내용으로 대신한다.

안녕하세요. 행정안전부 지방공무원과입니다.
귀하의 정책제언에 대하여 아래와 같이 답변을 드립니다.

지방공무원의 실적가점은 지방공무원 평정규칙 제25조의2 규정에 따라 평정대상 기간 내에 탁월한 근무실적이 있는 경우에 한하여 임용권자가 정한 바에 따라 부여받게 됩니다. 표창가점 제도는 지난 2008년까지 실적가점 항목으로 운영되어 왔으나, 표창의 경우 일부에서 훈격 여부를 떠나 나눠 먹기식 수상, 조직 내 연공서열에 따른 표창대상자 선정, 근무실적 여부와 관계없이 업무담당자로서 표창수상 등 실제 탁월한 근무실적을 거두었는지 여부와 관계없이 운영되는 사례가 발생되어 폐지되었습니다. 다만, 보완적 제도로서 각 분야별로 정부기관표창을 받은 경우, 관련 업무수행자에 대해서는 자치단체장이 정한 바에 따라 가점을 부여할 수는 있을 것입니다. 따라서 훈격이 장관 이상이더라도 종전의 폐지 사례 등에 비추어볼 때 개인에 대한 표창가점 신설은 신중한 접근이 필요한 사항입니다. 이상으로 답변을 마칩니다.

감사합니다.

징계와 표창이라는 말이 나온 김에 징계 얘기를 더 하자. 징계(懲戒)는 징그럽다. 우선 징계는 배제징계와 교정징계로 나뉜다. 배제징계는 말 그대로 공무원 신분을 벗기는 징계를 말한다. 여기에는 파면과 해임이 있다. 파면당하는 경우에는 연금도 피해를 본다. 교정징계는 징계로써 공무원의 자세를 교정하겠다는 것이다. 강등과 정직 그리고 감봉과 견책이 있다. 더 자세한 내용은 국가공무원법과 지방공무원법을 법제처 홈페이지에서 확인하기를 권한다.

요직과 한직

요직이 좋을까 한직이 좋을까? 다들 요직을 좋아한다. 상급기관으로 근무지를 옮기는 영전도 짜릿하지만 승진은 더할 나위 없다. 아예 영전이나 승진을 못해 안달인 경우가 많다. 특히 승진은 경쟁이 치열하여 온갖 말들이 많다. 심한 경우 음해성 루머도 복도를 걸어 다닌다. 그래도 많은 이들이 오늘도 요직을 좇는다.

대체로 요직부서로는 시장과 부시장 비서실, 의회, 행정지원과(또는 총무과), 참여소통과(또는 자치행정과나 지방분권과), 회계과, 기획예산과, 감사실, 홍보실, 문화예술과, 정보관리과 등이 거론된다. 특히 인사와 예산 그리고 감사와 홍보부서를 보통 더 선호한다. 선출직인 초짜 어공도 알고 있어서 이 분야에 '내 사람' 심기가 바쁘다. 그래야 공약이 제대로 돌아가고 진척도 있다는 판단에서다. 여기까지는 좋은데, 간혹 무리수를 둔다. 자기 사람을 남들보다 4~5년 먼저 승진시킴으로써 특혜 아니냐는 공분을 사고 조직의 편 가르기에 불을 지르는 경우도 있다. 억울하면 요직에 오라고, 내 말을 잘 들으면 된다고 유혹하는 모양새다. 이렇게 제정신 아닌 어공 때문에 본의 아니게 열 받아서 나중에 보자며 퇴근하면서 술을 먹게 된다. 아침엔 또 속이 쓰리다. 이런 일이 누적되면 조직의 동맥이 경화되어 겉으로는 잘 굴러가는 것처럼 보이지만 결국 곪다가 터진다.

차량등록과, 대중교통과, 가로정비과, 사회복지과, 청소과, 환경위생과, 하수과, 세무과, 도로과, 주민센터 등은 한직부서로 통한다. 열심히 일해도 승진에는 제대로 반영이 안 되는 부서로 인식되고 있다. 일을 열심히 하면 열심히 하는 부서에서 승진자가 나오는 게 아니라 그 공을 잘 포장하는 요직부서가 갖는다고 불평하는 경우가 있다. 그러니 열심히 일 할 필요가 없다고 생각하여 적극적으로 일하기를 포기한다. 그 대가는 당연히 시민에게 돌아간다. 어공이 야단치지만 너는 떠들어라 하면서 하는 척만 한다. 이러니 인과응보다. 제 정신이 아닌 어공을 만나면 공직이 곪고, 시민이 불편을 감당해야 한다. 투표할 때 후보자의 자질은 검증하지도 않고 무조건 지역감정이라는 망령에 휩쓸릴 때는 불편함을 감수해야 하는 이유가 되기도 한다.

내 경우 대부분이 한직이었다. 요직부서는 30년 넘는 공직생활 가운데 시청 어느 과의 '과 차석'으로 간 것이 유일하다. 구청 환경위생과 청소팀 차석으로 있다가 무슨 이유인지 요직부서로 발령이 났다. 구청에서 시청 요직부서로의 진입은 까다로워서 보통은 구청의 총무과에서만 갈 수 있었는데, 희한하게 한직부서인 구청 환경위생과에 근무하던 내가 발령받았다. 덕분에 잠시 내 이름이 청내에서 거론되곤 했다. 무슨 재주로 구청 변방부서에 근무하다가 시청 요직부서로 발령 난 거냐고. 나도 모르는 일이니 "나도 몰라"가 내가 할 수 있는 유일한 답변이었다. 몇 년이 지나서 2006년 9월 28일부터 2009년 3월 1일까지 시청 교통행정과 운수팀에 차석으로 있으면서 화물자동차 인허가 업무를 담당했다. 업무와 관련 있는 법은 화물자동차운수사업법과 자동차 등록과 관련 법이 있는데, 자동차 등록 업무는 차량등록과에서 담당하고 교통행정과는 인허가와 단속업무를 담당했다. 자동차 운전면허증도 없는 처지에 화물자동차 인허가 업무를 수행해야 하는 입장이었다. 조금은 얄궂게 느껴졌다. 처음 맡은 업무라 전임자의 도움이 절실했지만 매번 물어볼 수는 없었다. 대략 1개월 정도 지나서부터는 혼자 씨름했다. 각종 지침과 경기도 시군담당 가운데 나보다 더 많이 알고 있는 직원들을 확인하고는 수시로 자문을 받았다. "그것은 그렇게 알고 있다."는 답변을 듣곤 했는데 듣는 나로서는 조금은 거슬렸다. 맞으면 맞는 것이고 틀리면 아닌 거지 무슨 "알고 있다."가 답변일까. 결국 국토교통부에 질의를 자주 할 수밖에 없었다. 질의에 대한 답변이 오면 전국 시군구청에 답변 공문을 보내줬다. 고맙다는 말을 자주 들었다. 그런 일이 자주 있다보니 전국에서 문의전화가 자주 왔다. 업무에 능통한(?) 걸로 보였나 보다. 능통하지는 않았지만 아는 범위까지 친절하게 답변해주었다.

한 번은 국토교통부 담당 주무관으로부터 전화를 받았다. 한 가지 물어보자면서. "질의 공문을 자주 보내줘서 나도 공부를 많이 하게 됐는데, 그런데 왜 부천시는 경기도청을 경유하지 않고 직접 국토교통부로 질의하는 것이냐"라는 말을 들었다. 솔직한 내 답변은 이랬다. "저는 지금 화물자동차 인허가 담당을 1년 넘게 하고 있지만 경기도청 담당직원은 화물업무를 담당한 기간이 이제 겨우 3개월 정도여서 내가 경기도청에 질의문을 보내면 그 사람은 업무에 과부하 걸려서 제 일도 못할 것 같아 국토교통부로 곧장 보내게 된 것입니다"라고. 아울러 "민원서류라 처리기한이 있어서 급하니까 그렇다"는 말을 듣고야 서로 친해졌다. 그러면서 집이 안양인데, 주중에는 저녁 10시 넘어야 퇴근하고 주말에도 하루는 나온다는 말도 들었다. 나도 슬쩍 한마디 했다. "저도 주중에 저녁 10시 넘어서 퇴근하지만 주말인 토요일에는 오후 6시, 일요일은 오후 4시에 퇴근합니다." 화물업무는 그렇게 고달팠다.

그런 와중에 경기도 시군 화물담당 모임을 만들었다. 처음엔 부천에서 만났다. 대략 10명 정도로 기억한다. 경기도도 말이 경기도지 31개 시군으로, 남북으로 오갈 때 2시간 넘게 걸리는 지역이 많다. 그러니 31개 시군은 공문 발송으로 모이는 회의라면 모르지만 사적인 업무담당 모임이므로 죽었다 깨도 31개 시군담당이 모두 만날 수는 없다. 아무튼 그런 모임을 만드니 나중에 서로 모르는 걸 질문하기도 편해졌다. 몇 달 후 모임에 경기도청 황인동 주무관이 경남도청인지 경남의 어느 시군의 책인지는 모르겠으나 《화물자동차 운수사업법》이라는 책자를 가져왔다. 파일이 있으면 줄 수 없냐고 말했는데 파일은 안 되니 책만 주겠다고 해서 받아왔다는 것이다. 그 책을 내가 삼등분으로 찢었다. 군포시의 이현숙 그리고 안산시의 노현철과 내가 나눠 가졌다. 내가 역할을 제안했다. 세 사람이 나눈 분량만큼 각자 타이핑해서 도청 담당에게 보내고 도청 담당은 3개 시의 자료를 받아서 교재(책자)를 만들기로 했다. 물론 각종 보충자료는 내가 더 많아서 그 자료까지 보냈다. 2007년 12월에 결과물이 만들어졌다. 경남의 자료와 3개 시 담당자의 노력 그리고 경기도 철도항만과의 배려로 경남보다 더 알찬《화물자동차운수사업법의 이해》라는 책자가 31개 시군에 각 2권씩 배부됐다. 분량이 566페이지다. 이후 업무에 많은 도움이 되어 공교롭게도 각 시군 화물업무 담당자들이 궁금한 것이 많이 없어진 탓에 모임은 쇠퇴기를 맞이하게 됐다. 2007년에 만들어진 모임은 대략 5년 정도를 유지하다가 흐지부지되었다. 그러한 끈질긴 질의와 각종 화물제도에 대한 제안의 결과로 국토교통부로부터 부천시에 공문이 접수되었다. 현재 화물담당을 장관 표창대상으로 추천하라는 공문이었다. 앞에서 이야기한 것처럼 공무원에게는 도지사 이상의 표창은 매력이 있다. 그래서 누구나 도지사 이상의 표창을 받고 싶어 한다. 결국 내가 추천되었다. 2008년 10월 8일이다.

표창장

귀하는 평소 맡은 바 직무에 정려하여 왔으며 특히 국토해양 업무 발전에 기여한 공이 크므로 화물차 운전자의 날을 맞이하여 이에 표창합니다.

국토해양부장관 정종환

이 지면을 빌려 화물업무 책자를 같이 만든 군포시의 이현숙, 안

산시의 노현철 그리고 경기도청의 황인동 등 세 분에게 고마움을 전한다. 업무에 미친 사람끼리 만나게 된 것을 오래도록 간직하겠노라는 말을 덧붙이면서.

이후로도 지방에서 문의전화가 계속되어 업무에 지장이 될 정도였다. 동료들로부터 "무슨 문의전화가 전국에서 오냐"는 핀잔 아닌 핀잔을 자주 들었다. 결국 충청권 이남에서 오는 전화는 천안시에도 화물업무만 10년 이상 본 직원이 있어서 그 직원의 연락처를 알려줬으며, 강원도에는 원주시 조은희 씨에게 물어보면 된다고 알려주어 조금은 줄어들었다.

나는 한직을 좋아한다. 아니 즐긴다. 한직에는 일거리가 많다. 할 일이 무궁무진하다. 제안하기부터 본인의 업무 연찬하기 그리고 책과 신문을 보면서 또 제안거리의 기초자료도 수집한다. 한직 고수하기는 계속됐다. 2010년 6월 21일 자로 6급으로 승진하면서 주민자치 업무를 만났다. 어차피 퇴직하면 나도 마을로 귀환해야 한다. 알게 모르게 나도 마을의 구성원이니까. 그래서 구청과 시청 인사팀장에게 선포했다. 내가 일 잘한다는 소문이 있어도 주민자치만 잘하는 것이지 다른 업무에도 능통한 것은 아니니 나를 잡아가지 말라고. 주민자치 업무는 시청이나 구청에서 하는 게 아니라 주민자치위원회가 설치된 동에서 해야 제 맛이라는 부연설명과 함께. 그렇게 주민자치 업무에 집중했다. 수첩과 볼펜은 늘 내 상의 주머니에 있었다. 컴퓨터에는 자료폴더를 만들고 인터넷 사이트는 즐겨찾기를 구성해서 사용했다. 쌓이는 자료가 많았다. 주민자치라는 큰 방에는 중간 방이 여럿 있다. 중간 방에는 작은 방들이 또 있다. 즐겨찾기에는 행정기관, 신문, 기타라는 방에 각각의 사이트가 있다. 행정기관은 중앙부처와 부천기관과 기타기관으로 나누었다.

주민자치 업무에서 주민자치는 말 그대로 주민이 자치해야 하며 주민이 자치하기 전까지는 담당 공무원이 육성시켜줘야 한다. 시청에 주민자치 담당부서가 존재하고 동에는 업무분장에 주민자치위원회 육성 내지는 지원이라는 문구가 있는 한. 그런데 늘 서로 싫어한다. 공무원은 자치니까 자치위원회가 다 알아서 해야 하는 것 아니냐 말하고 자치위원은 공무원이 회의서류를 만들어줬으니 계속 해주어야 한다며. 단, 돈을 지출하는 것에 대해서는 간섭하지 말라고 하면서. 주민자치 담당 공무원은 이래서 열 받는다. 이렇게 자치위원들하고 씨름하면서 '왜 자치위원이 하라는 자치를 안 하려는 것인가' 이런 궁금한 내용을 떠오를 때마다 메모하고 신문과 책을 보면서 나만의 노하우로 만든 것이 《대한민국 주민자치 실전서(2016. 4. 29. 올림)》다. 처음 6급으로 승진한 후 계속 동에만 근무할 것을 자청하여 5개 동을 겪었다. 가는 곳마다 장소는 달랐지만 업무는 같았다. 직원관리와 주민자치. 주민자치라는 업무는 반복되는 업무가 별로 없어 늘 신선하다. 아이디어만 있으면 뭔가를 만들어낼 수 있다. 책을 출간한 덕분에 전국을 무대로 강의도 다닌다. 공무원이기에 월 3회 또는 월 총 6시간의 강의시간만 준수하면 된다. 간혹 업무와 겹칠 때는 3회를 채우지는 못한다. 그래도 퇴직 후에도 강의는 계속할 수 있다. 한직이 즐거운 이유다.

나는 당신이 한직에 있기를 희망한다. 희망이 싹트는 곳이니까.

당신은 경쟁력 있는 공무원인가

경쟁력 있는 공무원이라는 소리를 듣는 사람은 어떤 사람일까? 교육신청을 받는 공문이 접수되어 교육받으면 경쟁력 있다는 말을 들을 수 있는 게 아닐까? 물론 교육을 받으면 영양분을 섭취할 수도 있다. 여기에서 말하는 경쟁력은 혼자만의 경쟁력 강화를 위한 노력이다.

나는 책과 신문에 다가가기와 저녁 9시 뉴스 듣기 그리고 왜(why?)라는 궁금증이 당신의 경쟁력을 높여준다고 본다. 강의식 교육은 한계가 있다. 강사의 주입식 지식전달이 대부분이라 창의와는 거리가 멀다. 책을 읽으면 시야가 넓어지고 깊이 또한 측량하기가 어려울 정도다. 책은 저자와의 만남이고 '왜'라는 의문부호를 던지게 된다. 간혹 새로 만나는 8~9급 직원에게 묻곤 한다. 당신은 보통 1년에 몇 권의 책을 읽고 있냐고. 대부분 10권 이내라고 답한다. 책 읽을 시간이 없다고 말하는 직원도 있었다. 중앙일보, 2018년 2월 7일 자 [분수대] '책 안 읽는 좀비 세상'의 일부이다.

3장

2018년 2월 5일 발표된 2017년 국민독서 실태조사를 보면 우리나라 성인 10명 중 4명은 1년 동안 단 한 권의 종이책도 읽지 않았다. 종이책 대신 인터넷이나 소셜네트워크서비스(SNS) 등 다양한 매체를 통해 더 많은 정보를 얻고 있는데 뭐가 문제냐고 주장할지 모르겠다. 하지만 전문가들 생각은 다르다. 공감능력과 사고력이야말로 독서의 장점이다. 토론토대 인지심리학 키스 오틀리 석좌교수는 독서를 '소통의 기적'으로 정의한다. 독서를 통해 타인의 의견과 생각을 받아들이는 법, 즉 공감능력을 배운다는 얘기다. 디지털 플랫폼으로 읽은 사람은 글에서 추론을 끌어내거나 추상적으로 사고하는 능력이 현저하게 떨어졌다고 한다.

나는 책과 신문에서 세상살이를 배운다. 아무리 업무에 바빠도 연간 15권 정도의 책을 읽는다. 책 읽은 후 나름대로 정리는 못하지만 연필로 밑줄도 긋고 페이지의 위와 아래도 살짝 접는다. 위를 삼각형으로 접는 것은 나중에라도 한 번은 더 읽을 내용이다. 아래로 삼각형을 접는 것은 이것만은 나중에라도 꼭 알고 있어야 할 것들로 내게는 일용할 양식에 해당한다. 당연히 위로 접는 것보다는 적다. 누군가의 대화에서 슬쩍 써먹게 되는 경우에는 고소한 맛도 느낀다. 아예 체화되는 경우에는 책 읽은 보람으로 생각한다. 인생 2막에도 요긴하게 써먹지만 노화와 죽음에 대해서도 미리 준비한다.

《김미경의 아트 스피치》에서는 떨지 않고 말하기를 배웠다. 2016년에 《대한민국 주민자치 실전서》라는 책을 발간했는데, 서울 관악

구청에서 처음으로 강의 요청을 받고는 한참 주저했다. 혈액형이 A형이라 글쓰기는 가능하지만 남 앞에서 발표나 말하기는 거의 불가능에 가까웠기 때문이다. 대인공포증 내지는 무대공포증인데, 남 앞에서 말하면 떨려서 영 부담스러웠었다. 잠시 생각했다. 내가 경험을 바탕으로 쓴 책인데, 내가 그 내용에 관해 강의를 못하는 게 정상인가? 이런 생각이 들자 무조건 하겠다고 말했다. 이후 60여 차례를 강의해왔지만 지금도 잘 못한다. 그래도 강의내용에 열정이라는 게 묻어 있어서 지금까지도 강의 요청이 이어지고 있다.

《자네 늙어봤나 나는 젊어봤네》에서는 주연으로 사는 인생 2막과 유통기한이 있는 인간관계와 터닝포인트라고 판단되면 과감하게 결정하라는 것을 배워서 실천하고 있다. 또한 젊음이 가장 좋은 거 아니냐며 말을 편하게 하는 젊음에게는 '자네 늙어봤나 나는 젊어봤네'라는 책 제목으로 기죽이는데 요긴하게 사용하고 있다. 그 책 참 잘 나왔다! 이럴진대 아직도 책을 가까이하지 않겠다는 사람은 무슨 강심장일까. 젊어서 놀아야 직성이 풀린다는 사람과는 교류가 잦아서는 안 될 일이다.

신문은 또 다른 즐거움을 준다. 요즘엔 인쇄술이 발달되어 예전처럼 신문지 냄새를 맡기 힘들다. 파~ 하고 퍼지는 그 냄새는 이제 아련한 추억이 되었다. 신문은 넘기면 읽혀진다. 우선 굵고 큰 제목이 눈에 들어온다. 관심사냐 아니냐에 따라 내 눈길이 머무는 곳이 다르다. 공무원 관련 기사부터 시작해서 지역공동체와 문단 소식 그리고 법원판결이 소개되는 생활 법률 소개와 각종 문화행사 소식은 내 삶을 실속 있게 만들어준다. 자주 보는 면은 신간소개다. 제목과 저자 그리고 출판사와 정가를 적고 책의 내용을 한 문장으로 정리하여 '나만의 책 목록'을 만든 지 벌써 10년이 넘었다. 효과도 본다. 주머니 사정이 여유 있을 때 나만을 위한 책을 구입하든지 같이 근무했던 동료가 영전이나 승진할 때 화분 대신 책을 보낸다. 2권 내지 3권으로 3만원 안팎이다. 내가 겪었던 동료이니 성격이나 부족한 점을 알고 있어 책을 고를 때 불편함이 없다. 좋은 책 보내주어 고맙다는 말까지 듣게 되어 특별한 사정이 없다면 책을 보낸다. 책은 빌려 보지 않고 꼭 사는 편이다. 나중에 지방에 내려가면 마을문고를 만들든지 아니면 '나만의 문고'를 만들어서 동네사람에게 개방하려고 한다. 같이 지혜 있는 사람이 되자고. 마을이 세계를 구한다고 하지만 책은 마을의 필수품을 넘어 양식이다.

저녁 9시 뉴스는 또 어떠한가. 하루의 종합보고다. 기자에게 수당이나 월급을 지불하는 것도 없다. 듣기만 하면 된다. 어제 뉴스에 정부에서 무슨 시책을 추진한다고 하던데 그게 대체 무슨 얘기냐고 공무원에게 물을 때, 저는 그 뉴스 안 봐서 모르겠다고 대답하면 듣는 주민은 그럴 수도 있겠다고 생각할까? 입장을 바꿔보면 한심하다는 말이 떠오를 것만 같다.

이렇게 책과 신문에 다가가야 한다. 세상 돌아가는 이야기도 들어야 한다. 그리고 '왜'라고 물어야 한다. 이것이 당신의 경쟁력의 밑받침이다. 단순히 공문 내려왔으니 회신만 하는 게 공무원이 아니다. 이제는 컴퓨터 활용능력도 키워야 하고 4차 산업에 대한 이해도 있어야 한다.

이런 기초 위에 상대방의 말을 끝까지 듣는 경청과 그에 따른 처방이라는 배려는 성숙한 공무원을 만들어준다. 행정서비스는 무한하여야 하지만 간혹 벽에 부딪힌다. 상대할 고객이 다양하다. 훌륭한 사람, 선량한 사람, 말귀를 알아듣는 사람, 유들유들한 사람, 깐죽거리는 사람, 사기성 있는 사람, 음주의 기운을 빌려 고성을 지르는 사람, 생떼 쓰는 사람, 욕하는 사람, 기물 부수는 사람 등이 오늘도 새내기 공직자를 단련시킨다. 무한한 인내와 자제가 요구된다. 이때 명상 등의 방법으로 대처가 가능하다면 좋지만, 그것이 여의치 않다면 믿을 것은 책뿐이다.

공직 내부도 만만치 않다. 경쟁과 갈등 그리고 시기와 질투 또한 무한하다. '같은 동료인데 설마?' 하다가 당하는 경우 여럿 봤다. 경쟁과 갈등은 양반이다. 시기와 질투는 마음이 아프다. 왜 칭찬은 인색하고 시기와 질투는 넘칠까? 영전과 승진을 밝히기 때문이다. 내가 칭찬받으면 당연하고 남이 그러면 배가 아파오니 이걸 어떻게 해야 하나. 초심을 잃지 말자. 공직 업무를 수행하려고 공무원 세계에 들어왔지, 영전과 승진을 위해서 온 게 아니라는 것을 늘 기억하면 마음이 편하다. 인사 때마다 마음 졸일 필요가 없어진다. 내 자리가 아니면 불편하고 내 자리면 편하지 아니한가. 이렇게 마음먹자. 칭찬과 비난 그리고 양보와 가로채기에서도 편하다. 누군가 내 공적을 가로채가는 경우에도 흥분을 가라앉힐 수 있다. 가로채가는 이가 결국 남의 자리에 앉은 셈이니 그는 좌불안석이고 뒤통수가 따가운 것을 오랫동안 감내해야 할 처지다.

공직에 처음 들어올 때에는 직업이 필요해서 또는 사회가 요구해서라고 핑계를 댈 수도 있겠다. 청춘은 지질 · 해양 · 우주과학 · 물리·예체능 등 다양한 분야에서 직업을 찾아 국위에 걸맞는 꿈과 희망을 추구해야 한다. 단지 정년이 보장된다고 해서 공직에 들어와서는 안 된다. 청춘의 특권이 뭔가. 실패해도 괜찮다는 것 아닌가. 재기할 수 있으니 말이다. 그런 꿈과 희망을 좇아야 할 청춘이 기왕에 공직에 들어왔다면 나가라 할 수 없으니 한마디만 하자. 기왕에 들어왔으니 흔적을 남기라고. 흔적도 없이 사라지는 공직은 세금낭비니까. 결혼하면 자식 키우는 맛과 살림 느는 맛이 있다고 한다. 공직에 입문하면 실적을 남겨야 한다. 자기 분야에서 최고인 공무원은 멋져 보인다. 멋져 보이는 그의 여정을 뒤돌아보면 땀과 눈물의 산물이 있다.

경쟁력은 3가지의 즐거움을 준다. 첫째는 국민과 주민에게 즐거움을 주며, 둘째로는 노후의 밑천이 되어 나를 즐겁게 만든다. 마지막으로 내 가족에게도 웃음을 선물한다. 이런 경쟁력이기에 갖추지 않을 이유가 없다. 아직도 갖출 준비가 안 됐다면 지금부터라도 시작하라.

공직을 선택한 게 사회의 요청에 의해서 또는 생계수단 확보를 위한 결정이었다 치자. 그것은 인생 1막에 불과하다. 인생은 2막까지라 하지 않나. 이제 1막과 2막 사이에 있는 당신은 어떤 2막을 기대하는가. 영국 극작가 버나드 쇼의 묘비명에 있는 문구다. "우물쭈물하다가 내 이럴 줄 알았다." 그의 문구대로 살 것인지 아니면 후회없는 삶을 살 것인지를 결정해야 한다. 결정은 빠를수록 좋다고 한다. 흔히들 행정직은 현직에 있을 때가 좋지만 전문직은 2막까지 활용할 수 있어서 오히려 퇴직 후에 더 빛난다고 한다. 나는 1막에 있을 때 2막은 내 의지대로 살고 싶었다. 사회의 요구나 세월을 좇아가는 것은 1막으로 충분하다. 2막에서는 자신에 충실한, 자신만의 삶을 살고 싶다. 어차피 인생은 혼자만의 길이니까. 가족도 호흡이 존재할 때까지만 동행이 가능하지 각자의 마감이라는 죽음은 따로 간다. 이 혼자만의 길을 갈 때 나는 내 묘비명을 무엇으로 남겨야 하나 고민한다. 인생 2막은 묘비명을 작명하는 심정으로 살고 싶다.

결국 경쟁력은 인생 1막을 포함해서 인생 2막까지 아울러야 한다.

공무원의 외부강의에 대하여

외부강의는 즐거울까 고역일까. 결론부터 말하면 즐거울 때도 있고 짜증날 때도 있다. 우선 외부강의는 누가 갈까를 생각해보자. 직급으로 보면 장·차관 등 전·현직 고위 공무원부터 9급(행정서기보)까지 강의한다. 업무내용으로 보면 복지 분야와 정보화(전산·통신직) 분야에서부터 지적(토지), 차량, 보건(금연 등), 회계, 주민자치 분야 등 다양하다. 책을 출간한 경우와, 책은 출간하지 않았지만 민원봉사대상 수상자, 지방행정의 달인 선정자 등으로 그 분야에 능통한 업적을 인정받은 공무원이 그들이다.

강의시간은 무한정일 수 없다. 외부강의(간담회, 발표회, 자문 등 포함)의 횟수는 월 3회(보통 지자체에서는 월 3회 또는 월 총 6시간)를 초과하지 않는 범위 내에서 구체적으로 정하여야 하며, 다만, 국가나 지방자치단체에서 요청하거나 겸직 허가를 받고 수행하는 외부강의 등은 그 횟수에 포함하지 아니한다고 2018년 2월 국민권익위원회의 "공직자 행동강령 운영지침 일부개정안 설명자료"에 밝혀놓고 있다.

외부강의의 강사료는 우선 직급과 무관하다. 외부강의 등 사례금 상한액은 각 학교의 장과 교직원은 강의 첫 1시간은 100만원이며, 국제기구와 외국대학 등 외국기관에서 지급하는 경우 지급하는 자의 지급기준에 따른다. 반면 이외에는 '부패방지 및 국민권익위원회의 설치와 운영에 관한 법률' 제2조 제3호 가목 및 나목에 따른 공직자는 -거의 대부분의 공직자가 해당됨- 강의 첫 1시간에 40만원이고 다음 두 번째 1시간은 20만원이다. 결국 대부분의 공직자는 2시간에 60만원까지를 받을 수 있다. 이 금액이 상한선이며, 대부분의 지자체에서는 교육 관련 부서에서 상한액이 아닌 지급기준을 두고 있다. 지자체마다 차이가 있으나 공통점은 국민권익위원회의 상한액보다 금액이 적다는 것이다. 심하면 직급을 구분하지 않는 권익위 기준을 준수하지 않고 직급별로 차등하기도 한다. 물론 교통비는 왕복으로 계산해서 별도로 지급한다. 어찌 되었건 공무원이라는 신분으로 횟수에 제한받고 금액에 차별받는다. 그래도 외부강의는 갈 수 있는 사람만 갈 수 있기에 조금은 기분 좋다. 대부분의 시도지사나 시장·군수·구청장은 직원이 외부강의하는 것을 좋아하는 편이다. 우리 지역의 인재라 하며 자랑스럽게 생각하기까지 한다. 그런데 딱 여기까지가 기분 좋고 즐겁다.

강의 갈 때 문제가 생긴다. 강의 가는 직원이 과·동장이거나 국장이면 괜찮다. 팀장 이하일 때 태클이 걸려오는 편이다. 월 3회 내지는 월 총 6시간 강의인데도 어디선가 압박이 들어온다. 주로 6급 이상의 직급자가 감사부서나 복무부서에 외압을 요청하는 경우가 일부 있다. 분명 출장처리와 연가처리의 구분이 있는데도 불구하고 왜 출장으로만 가려고 하느냐며 슬쩍 옆구리를 찌른다. 위에서는 권장하는데, 중간에서 훼방을 놓는 격이다. 행정안전부의 '국가공무원 복무·징계 관련 예규(2014. 7월)'에는 '담당 직무의 수행과 관련이 있거나 해당기관의 기능수행 및 국가정책 수행 목적상 필요한 경우와 해당기관의 장이 필요하다고 인정하는 외부강의에 대하여는 출장 처리'한다고 명시되어 있다. 이 규정을 알면서도 강의 가는 직원이 자리를 비우면 행정누수가 예상되니, 결국 강의 가는 직원은 즐거울지 모르나 사무실에 있는 직원은 그 빈자리를 지켜야 하는 부담이 있으므로 압력을 넣어달라고 주문하게 되는 것이다. 우리가 조직원이기에 조직은 체계적으로 움직여야 하지 않을까. 업무대행제도가 있지 않나. 그 직원 없으면 부재시 누가 대행한다는 규정. 시장 없으면 부시장, 부시장도 없으면 선임 국장이 업무를 대행한다. 그것이 정상적인 조직이고 바람직한 행정체계다. 그럼에도 불구하고 하급자에게 못된 심술을 부리는 것은 상사의 자질을 의심받게 만든다. 그런 위인에게 전화받고 외압을 휘두르는 감사부서나 복무부서가 있다면 그런 지자체의 앞날은 뻔히 보인다. 곪는 소리도 들린다. 그러면 그 조직은 썩는다.

이런 과정을 거치면서 강의를 가지만 강의 시작에서부터 마칠 때까지 강의에 열중하며 초롱초롱 빛나는 눈동자를 만날 때는 기운을 얻는다. 간혹 중간에 질문하여 강의순서가 헝클어지게 만드는 이도 만나지만 강의 후 질문시간을 활용하시라고 말하면 대부분 순조롭게 진행된다. 강의 초기에는 다소 딱딱하기도 했거니와 강의 중에 눈빛 마주치는 것도 어려워했다. 이제는 참여식 강의기법에 눈떠 맞장구를 유도하기도 한다. 제법 강의스킬이 세련되어지는 것을 느끼고 있지만 항상 초심을 지키려고 노력하고 있다.

외부강의 등으로 곤란을 겪고 있는 공직자가 있다면 '공직자 행동 강령 운영지침 일부개정안 설명자료(2018. 2월, 국민권익위원회)'나 '국가공무원 복무 · 징계 관련 예규(2014. 7월, 안전행정부)'를 참고 하면 되며, 하단의 '상급자의 부당지시의 판단기준'도 도움이 된다. 시군구의 공무원 복무제도 운영지침 등은 상위법 우선원칙이 적용되 기에 상위법 격인 '국가공무원 복무 · 징계 관련 예규(2014. 7월, 안 전행정부)'의 범위를 초월할 수는 없다. 있다면 개정대상이고, 아직

예시	고용노동부 공무원 행동강령 (고용노동부훈령 제200호, 2016.10.11. 개정)

【별표 1】부당지시의 판단기준(제4조 관련)

부당지시의 판단기준

1. 판단기준
가. 법령, 행정규칙(훈령 · 예규 · 고시 · 지침 등)에 위반되는
    지시인지 여부
나. 업무의 본래 취지에 맞지 않는 지시인지 여부
다. 공공기관에 재산상 손해를 입힐 수 있는 지시인지 여부
라. 공적이익이 아닌 사적이익을 추구하는 지시인지 여부
마. 지위 또는 권한을 남용하는 지시인지 여부
바. 자율성이 보장된 것임에도 행위를 강요하는 지시인지 여부

도 존재한다면 시군구의 공무원 복무제도 운영지침 등의 담당직원은 직무유기이기에 징계대상이라 할 수 있다.

상급자의 부당한 태클과 관련해서 참고하면 좋을 자료를 소개한다. 2018년 2월 국민권익위원회의 '공직자 행동강령 운영지침 일부개정안 설명자료' 30쪽이다.

사안에 따라 신중하게 판단하여야 하나 특정 기간에 과·동장은 휴가갈 수 있고 팀장이나 팀원은 가지 말라고 한다면 판단기준 '마'항이나 '바'항을 검토하면 되겠다.

강의하는 직원에게 경험담을 들려주면, 내 경우에는 강의내용에 대하여 사전연습을 하지 않는 것을 철칙으로 한다. 내 강의는 내가 배우고 느낀 것이며, 때로는 왜(why)라는 고민을 거쳐서 탄생한 것이기 때문이다. 땀과 눈물이 거기에 녹아 있다. 그러니 사전연습을 할 필요를 느끼지 않는다. 다만 강의 자료는 가급적이면 제본을 해서 강의를 요청한 기관이나 단체에 미리 보내면 좋다. 내게는 1장의 요약 자료만 있으면 족하다. 하나 더 언급하면, 최소한 강의시작 1시간 전에 도착하는 것이 좋다. 우선 여유가 생기고 그 기관이나 단체의 건물과 게시판을 보면 강의에 도움 되는 내용을 파악할 수도 있다.

마지막으로 강의도 인생수업이다. 외부강의를 허락하는 이유는 우리 지역 공무원이 잘났다고 자랑하려는 게 아니라 더불어 잘 살자는 취지다. 참석자와 강사가 같은 시간을 공유하면서 공감도 함께 하는 게 좋다. 일방적인 지식전달만 한다면 그 강사는 '지식상인'으로 전락한다. 공무원이 지식상인이어서는 곤란하지 않을까.

조직의 왕따인가, 진정한 공무원인가

　자타가 공인하는 대한민국 최고의 조직은 공무원 조직이다. 공무원은 무엇으로 먹고 사는가. 월급이 아니다. 명예와 자부심으로 산다. 그 자부심이 무너지고 있거나 의심을 받는다면 어떻게 해야 할까.

　신문 기사를 하나 소개한다. 경상일보 2018년 9월 26일 자에는 '성실한 공무원에 대한 민원, 해고사유 아니다'라는 제목으로 다음과 같은 내용이 소개되었다.

　민원을 자주 유발하고 상급자의 지시를 이행하지 않았다는 등의 이유로 해임된 ○○시 공무원에 대한 징계는 부당하기에 해임처분 취소 소송에서 원고 승소판결을 내렸다. 오히려 민원을 두려워한 복지부동이 징계 사유가 될 수 있다고 지적했다. 법원이 성실한 공무원으로 인정한 것은 1988년 공무원으로 임용된 A(59세)씨는 2016년 7월부터 ○○박물관에서 임대형 민자사업의 운영·관리업무를 담당했다고 한다. 그는 지진 여파로 박물관의 붙임석재가 다수 떨어져 시공방식의 문제가 있다고 판단하여, 수년 동안 하자와 유지관리를 등한시해 안전상 위험이 발생했음에도 관리업체가 정부 지급금인 운영비와 시설임대료만 챙긴다고 판단해 1억900만원을 환급하도록 조치했다. 이런 과정에서 유지보수에 대한 정산을 지속적으로 요구하는 등 잦은 민원을 유발했고, 상급자의 지시사항을 이행하지 않았다는 이유로 해임당하였다. 이에 굴하지 않고 소청심사를 청구했으나 그마저 기각당했다. 마지막으로 법원에 해임처분 취소소송을 제기하였으며, 결국 법원은 업무를 적극적으로 수행한 것으로 판단하여 그의 손을 들어주었다.

이 기사를 보면서 많은 생각이 들었다. 아직도 이렇게 우직한 공직자가 있다는 게 참으로 감동이었다. 성실과 끈기 그리고 노력의 산증인이다. 공직의 자부심이 이런 거라는 것을 알려준 사례다. 해임에서 소청심사 그리고 소송까지의 기나긴 여정을 어찌 다 감당했을까. 일부 동료의 등 돌림도 있었을 테고, 너만 잘났냐는 비아냥거림도 있었으리라. 적당히 타협하자는 권유 아닌 회유는 또 없었을까. 옆에서 지켜봐야 하는 가족의 심정은 또 어떠했을까. 추락하는 가장의 명예와 자부심을 어떻게 견뎌냈는지. 사랑과 신뢰가 가득했을 그 집안의 가족애가 부럽다.

직장에서의 왕따는 괴롭다. 업무의 효율성을 떨어뜨리기도 하지만 당하는 입장에서는 짜증과 스트레스를 동반하여 조직에서 외톨이가 되어 결국 소외된다. 정당한 왕따는 긴장감도 불어넣어 개선의 기회를 제공하지만, 의사결정에 동의하지 않는다는 이유로 왕따시키는 것은 동의하기 어렵다. 의사결정인 경우 그 과정에 참여하는 구성원이 하자는 대로만 해서 정당하고 좋은 성과를 낸다면 모르나 대개의 경우 그런 건전한 왕따가 아닌 경우가 많다. 약간의 트릭이거나 편법이 동원되는 경우에 불참한다는 명목으로 자주 왕따시키는 경우를 볼 수 있기 때문이다. 성인의 왕따는 학교 내의 왕따와 일견 비슷한 면이 있는 경우가 왕왕 있다. 상급자가 이렇게 하자는 말에 따르지 않거나 토를 단다고 해서 당하는 왕따라면 곤란하다. 상급자라고 해서 언제나 전지전능하다고 생각하면 안 된다. 누구나 때로는 잘못을 범할 수 있기 때문인데, 다른 의견을 제시하면 만약의 경우를 대비하자는 것으로 받아들여 항상 공정하고 투명해지도록 노력해야 한다. 호가호위라는 말이 있다. 상급자에 빌붙어 편안히만 지내려는 공무원이 있다면 직업공무원제가 무엇인지, 처음 공직에 입문할 때 무슨 마음으로 들어왔는지 항상 초심을 잃지 않으려는 마음가짐을 가다듬어야 한다. 연습 삼아 행정을 할 수도 없겠거니와 업무 추진하면서 부당한 이득을 봐서도 안 되는 것이 공직이다.

왕따를 당하는 입장에서도 고민할 것이 있다. '그것은 아니다'라는 말은 누구나 할 수 있다. 어떻게 해야 한다는 말도 덧붙여야 효과가 있다. 그것이 잘못이라면 온당한 것이 무엇이고, 어떻게 추진하면 된다는 대안을 제시해야 올바른 자세다. 아울러 최근에는 갑질하는 공무원을 신고하는 제도까지 생겼다. 위의 사례와 같이 올바른 일을 성실히 수행함에도 조직과 마찰을 빚어 결국 중징계라는 해임까지 당한 후에는 소청심사가 있고, 소청심사에서도 규명되지 않는 경우에는 마지막으로 소송이 있다는 것을 알고 있어야 한다. 또한 마찰이 생기기 전에 조직에서도 여러 가지 규명경로를 마련해둔 장치가 있으니 활용할 줄 알아야 한다. 누가 알려주지 않아서 몰랐다는 것은 일반인이 아닌 공직자가 할 말이 아니다. 당신이 용기 있게 호루라기를 불 때 공직에서는 경고음이 되어 관행도 개선되고 당신의 가치도 그만큼 상승한다. 울어야 젖 준다는 얘기는 공직에서도 유효하다.

대한민국 최고의 조직이라는 공직은 어떤 때는 답답하고 또 어떤 때는 희열을 느낄 만큼 매력덩어리다. 조직의 틀은 괜찮은데 운영하는 사람이 이상하면 답답하다. 조직은 다소 불합리하지만 운영하는 사람이 잘하면 희열도 느낄 수 있다. 선출직인 단체장이 하자면 무조건 하는 예스맨들 속에서 저렇게 내부에서라도 호루라기를 부는 사람은 아주 드물지만 썩 괜찮은 사람이다.

합리적인 모양으로 보이지만 내부에서 보면 꼭 그렇지만은 않은 것이 공직이다. 때로는 오해도 받고, 그것이 지나치면 기피인물로 찍히기도 한다. 실력이라도 있다면 반골이라는 대접을 받는다. 실력마저 없다면 달리 방법이 없다. 견뎌내든지 다른 직업을 택하는 수밖에. 그래도 구색은 다 갖춰져 있다. 시스템도 있고 제도도 마련되어 있다. 단지 그것을 찾는 방법이나 활용법을 모른다면 '잠자는 권리'가 되거나 시간이 더 많이 든다. 보이는 만큼 볼 수 있지만 보고 싶을 만큼만 보는 것도 능력이자 경쟁력이다. 경쟁력은 교육받는다고 갖춰지질 않는다. 책과 신문에 다가가야만 얻을 수 있다. 왜(why) 그런지도 생각해야 한다. '왜'를 달고 사는 것도 공직에서는 필수항목이다.

왜 해야 하는가를.

4
공작의 희로애락

4장

여직원은 귀하다

여직원이 귀한 시절이 있었다. 1990년대 초반 정도였던 것 같다. 1987년에 처음 부천시청 하수과에서 공직을 시작할 때 과(課) 사무실에 지금의 팀이라는 명칭의 계(係)가 3개 있었다. 대략 30명 정도의 인원 가운데 여직원은 달랑 2명뿐이었다. 그것도 비정규직 일용직과 고용직이었다. 1988년 4월 21일 남구 소사1동사무소로 발령 났을 때도 11명 정원에 여직원은 3명이었다. 민원실 근무자 2명과 부녀담당 1명.

공직에 여직원이 적은 이유는 그때까지만 해도 공무원이 매력적인 직업이 아닌 탓도 있었다. 더 큰 이유로는 결혼과 관련이 깊다. 남자는 가장이라는 직책을 평생 떼려야 뗄 수 없는 사회여서 결혼 후에는 가솔을 책임져야 했지만 여직원은 결혼 후에는 대부분 공직을 그만두곤 했다. 미스 리, 미스 김이라는 호칭으로 불렸던 시절이다. 요즘에야 그런 호칭을 하는 이는 없지만 그 시절에는 그렇게 불렸다. 그런데 동사무소에 손님이라도 오면 인근 다방에서 커피를 주문하곤 했는데, 배달 온 아가씨에게도 미스 리, 미스 김이라고 불렀으니 미혼인 여직원들은 간혹 호칭 문제로 입이 나오곤 했다. "나도 미스 리고 다방 아가씨도 미스 리네"

몇 해 지나서 여직원에 대한 호칭은 미스 대신 정식 성명 석자에다 씨 자를 붙이는 것으로 정리됐지만.

간혹 결혼 후에도 공직에 남아 있는 여직원이 있었다. 보통은 결혼 후 그만두었지만 이들은 맞벌이를 해야 한다며 전체 직원들에게 주로 점심을 사면서 결혼했지만 계속 다니게 되었으니 잘 봐달라고 말했다. 남자들은 점심이라도 한번 얻어먹었으니 더 이상 할 말은 없었으며, 결혼하자마자 공직을 떠나는 것보다 연마한 업무능력을 발휘하는 게 나라를 위해서도 값진 일이라는 사실을 조금씩 자각하게 되었다. 당찬 여직원은 그런 인사도 생략하곤 했다. 결국 이때부터 가장이라는 남자의 홀로벌이(또는 외벌이)에서 맞벌이로의 전환과정이 공직에도 시작된 셈이었다. 이렇게 남은 여직원들이 훗날 여성 리더로 성장하게 되어 과·동장과 국장까지 진출하게 된다.

여직원의 업무는 기술직인 경우를 제외하고는 민원실 근무가 대부분이고, 비정규직인 경우에는 국장실과 세무과 그리고 각 부서의 단순 업무를 담당했다. 내 근무지인 소사1동에서도 주민등록 사무를 다루는 민원실에 2명이, 뒷자리인 부녀담당 등 총 3명이었다. 동장부터 사무장 그리고 총무는 당연히 남자였고, 건설업무·병무담당·민방위담당·새마을담당·통계담당·산업담당·세무담당 그리고 요즘의 소외계층에 대한 업무인 사회업무도 남자들이 싹쓸이했다. 그런 시절이니 여직원은 귀한 존재여서 산불이 나도 사무실만 지키면 되고 남자들이 산불진화에 투입되었다. 무허가건물 철거작업이나 불법광고물 철거작업에도 아예 참여를 안 시켰다. 간혹 성격이 활발한 ―말괄량이 같은― 여직원이 저도 따라 갈게요, 라고 말하지만 여자가 어딜 가냐는 핀잔만 듣기 일쑤였다.

공무원은 항시 비상근무에 임할 자세가 되어 있어야 한다. 특히 지방직이라면. 봄과 가을은 산불, 여름엔 수해, 겨울엔 설해가 있다. 산불대기 비상근무는 관할구역에 산이 있는 경우 필수였으나 산불 발생이 거의 없다는 이유로 요즘에는 비상근무가 없어졌지만 대신 순산원이라는 비정규직들이 산을 순찰하고 있다. 수해는 알다시피 장마철에 찾아오는 불청객이다. 동에서는 양수기를 사전 비치하고 경우에 따라서는 모래마대를 비축한다. 겨울에는 눈을 치우고 얼어붙은 눈을 제거해야 한다. 비상근무는 단계별로 나누어져 있다. 주의보인 경우 직원의 1/3이 근무하고 경보인 경우 1/2이 근무한다. 물론 상황이 해제될 때까지 근무한다. 여직원이 적으니 이런 각종 비상근무에 굳이 참여시킬 필요도 없었다. 정상적인 근무시간에 민원업무만 잘해줘도 도와주는 격이었으니까. 민원업무를 보고 있으니 간혹 통장님 자택에 주민등록증 발급신청서나 주민등록 사실조사서를 전달해야 하는 때도 있다. 이 경우에도 마을에 출장 가는 남자직원이 미리 출장 전에 통장에게 전달할 서류 있으면 달라고 말하여 대신 전달했다. 물론 미혼이건 기혼이건 구분은 없었다.

업무에서도 열외였지만 업무 외에서도 마찬가지였다. 가령 업무 종료 후 직원끼리 소주나 맥주를 먹고 2차로 커피를 하는 경우 어쩌다 여직원이 계산하려고 지갑을 열면 일행 중 상급자의 제지를 받았다.

"어허, 여자가 무슨 계산이야"

이렇게 여직원이 귀했지만 요즘에는 남자보다 여자가 더 많아지다보니 상황이 많이 달라졌다. 예전에 동사무소로 불렸던 주민센터는 동장까지 포함해서 직원이 10명이라면 남자는 3명이고 여자는 7명인 경우가 많다. 과거에는 재난업무를 남자들이 담당해서 남자업무로 분류되었으나 지금은 대부분이 여자가 담당한다. 남자가 재난담당인 주민센터는 찾아보기가 힘들다. 이제 남자가 귀한 시절로 바뀌었다. 어느 부서건 대개 여자보다는 남자를 선호한다. 주민센터라면 남자직원이 오는 걸 환영한다.

남자를 환영한다고 해서 무조건 좋아할 일은 아니다. 약간은 쓸쓸하다. 예전에는 남자에게 군복무가산점이 있었다. 그 덕에 공개채용시험에서 10명을 선발하면 7명이 남자였다. 그 제도가 없어진 이후로는 거꾸로 들어온다. 여자가 7명이고 남자가 3명. 사연인즉 군에 가서 2년 넘게 병역의무를 수행하면서 술과 담배를 배운 탓에 공부실력이 부족해졌다는 통설이 있다. 아무리 그래도 공직을 담당하겠다는 남자가 술과 담배 때문에 적게 들어온다는 것은 이해하기가 어렵다.

이래저래 여직원 귀한 시절처럼 남자직원을 잘 모셔야 하는 시절이 바야흐로 도래한 것 같다.

회식과 집들이

먹는 것은 즐겁다. 특히 내가 먹지 못하는 육류 대신 회나 해물이 나오는 자리라면 나는 마냥 좋다. 보통 과(課) 회식은 주무팀에서, 동(洞) 회식은 팀장이 정하는데, 내 식성대로 횟집 가자고 말하기는 어렵다. 대부분 육식을 선호하니 나한테는 회식이 꽤 신경 쓰인다. 갈비나 오리고기 등 육식으로 정해지면 그 집에 된장찌개가 있나 미리 확인한다. 없으면 간단한 회나 골뱅이 캔 같은 것을 미리 따로 준비한다. 회식자리는 서로 안부도 묻고, 지난번에 서운한 것이 있으면 미안하다 말하면서 서로 털어버릴 수 있어 좋다.

다만 순번대로 돌아가면서 건배사나 한마디 하라고 할 때가 가장 난감하다. 내 경우 소심한 성격인 데다가 1987년에 공직에 입문했지만 학교건 사회건 간에 토론문화가 없었다. 당연히 발표하는 것을 기피하곤 했으니 건배사나 한마디 한다는 것은 내겐 고역이었다.

다음으로 난감한 것이 주량 문제다. 처음 공직에 입문할 때 맥주는 2병이고 소주는 반 병이었다. 해를 거듭할수록 주량이 조금 늘긴 했지만 원체 잘 못하는 술이라 늘 조심하는 편이다. 그런데 술이라는 것이 먹다보면 간이 부어서 무리를 할 때도 있다. 7급 시절 어느 날 술고래로 소문난 팀장이 이렇게 말했다. "박 주사는 팀장과 같이 술자리에 있다가 왜 중간에 도망가? 의리도 없는 사람처럼?" 그 말이 가슴을 파고들었다. 며칠 후 팀장과 팀원들과 같이 술을 먹었는데, 이상하게 3차까지 이어졌다. 몇 번이나 주특기인 술자리에서의 이탈, 즉 도망을 염두에 두다가 팀장이 한 말이 떠올라 무조건 따라다녔다. 어떻게 끝났는지 모르지만 아침에 일어나서 내 집인 걸 확인하고는 더 잤다. 한참 후 눈을 떠서 시계를 보니 딱 6시였다. 그것도 오후 6시. 아침 9시에 시작해서 오후 6시에 업무가 끝나니 업무 마감 시간에 눈을 뜬 셈이다. 우선 사무실에 전화를 했다. 팀장이 받았다. "저, 팀장님, 이제 일어났습니다!" 팀장이 웃으며 말했다. "뭔 술이 그렇게 약해! 알았으니 내일 봐!"

다음 날 직원들에게 미안한 표정으로 출근인사를 하자 서로 웃었다. 그 일이 있은 다음부터는 팀장도 내가 1차만 참석하고 2차 갈 때 사라지는 것을 눈감아줬다. 상사 중에 간혹 소맥(소주와 맥주의 혼합주)을 즐겨하는 분이 있었다. 남녀를 불문하고 주는 대로 먹어야 하는데, 이것도 고역이다. 간혹 여직원은 한 번에 비워야 할 잔을 몇 차례 나눠서 먹어도 슬쩍 눈감아 주지만 남자인 경우에는 어림도 없었다. 소맥을 3잔 받다보면 주량이 적은 나는 약간 취기가 든다. 탁자 밑에 접시나 빈 맥주잔을 놓아두었다가 술을 버리는 요령도 그때 배웠다. 술은 단합을 제공하기도 하지만 사건과 사고를 만들기도 하니 이래저래 조심해야 할 대상이다.

사람과의 관계는 어렵기도 하고 즐겁기도 하다고 말한다. 서로 성장한 생활환경이 다르기에 이해관계의 갈등을 조정하기가 여간 곤혹스럽지 않으니 어렵다고 한다. 또 다른 이는 그렇기에 즐겁다고 하는데, 아마 성격차이가 많이 작용하는 것 같다.

관계형성에 으뜸의 촉매제는 집들이가 아닐까 싶다. 특히 공직에 있어서의 집들이는 과장 또는 동장과 팀장이 주로 하며, 간혹 오랜 전세살이를 벗어나 이제 '내 집 장만'을 한 일반직원도 집들이 대열에 동참했었다.

내 경우에는 과장님 자택에 초대받은 기억이 없다. 잘 먹었는데도 불구하고 기억이 없는 것이라면 정말 미안하지만. 동장은 기분파인 경우에는 한 해에 두 번 정도는 초대했다. 매년 신정 다음 날에 직원 전부를 자택에 초대하여 점심이나 저녁을 베푼다. 보통 점심으로 때우는데, 이는 실리전법이다. 점심시간은 1시간이라 짧아서 아내의 고생을 최소화시키며, 생색은 생색대로 낼 수 있다. 이외에 동 행정평가 등에서 좋은 성적을 거둔 경우 격려 차원으로 전 직원에게 저녁식사를 제공한다. 저녁시간이니 당연히 음주가 있으며, 여러 가지 이야기가 오고가기에 늦은 시간까지 이어지는 경우가 많았다.

나는 이런 집들이가 좋다. 집 바깥은 표정이고 집안은 속내다. 집들이하는 이는 자기의 속내를 보여주는 것이기에 왠지 신뢰가 간다. 나는 그런 신뢰의 틈새를 비집고 집주인의 책장을 꼭 구경한다. 책장에 꽂힌 책을 보면 초대한 이의 성격과 취향 그리고 인품까지 드러난다. 물론 어떤 이는 그런 사적인 평가에 대비해서 위인전이나 문학전

집류를 미리 구비하는 경우도 있다고 하지만 그 속에서도 성품은 다 드러난다. 그런 경우 너무 깨끗하기 때문이다. 책도 깨끗하고 책장도 깨끗하기 마련이다.

최악의 사례는 책은 몇 권 없고 온갖 가전제품이나 양주병으로 장식장을 채운 경우다. 집주인에 대한 신뢰와 존경심이 얇아지는 것은 당연지사다.

맞벌이 부부공무원이면서 6급 팀장에서 5급 사무관으로 승진한 경우에는 대략 집들이를 3일 한다. 남편의 직장 사람들과 하루, 또 특별히 인연 있는 동료들의 성화에 하루 그리고 아내 동료들과의 하루다. 이렇게 꼬박 3일을 강행군하지만 공직에 있어서의 가장 큰 보람인 승진이라 다들 통과의례로 생각하곤 했었다.

집들이에서는 초대에 따른 작은 정성의 물품을 건네주는데, 대개는 벽시계나 두루마리 휴지였다. 내 경우에는 우산꽂이가 참으로 반가웠다. 안주인의 음식솜씨를 볼 수 있는 유일한 기회이고, 기분이 좋으면 몇 사람의 노래도 들을 수 있었으며, 어느 정도 술기운이 들어가면 한쪽에서는 고스톱판이 펼쳐진다. 잃은 사람은 속이 쓰리지만 딴 사람은 새로운 왕이 탄생한 양 "내가 2차를 쏘겠다"는 선포식도 갖곤 했다. 2차를 간 직원들은 다음날 얼굴색이 안 좋은 표정으로 사무실에 출근했다. 집들이에서 가장 귀한 것은 업무추진에 따른 노하우도 득할 수 있어 인정 나누기와 더불어 일거양득의 기회라는 것이다. 가령 업무에 능통한 상사인 경우에는 "완급(緩急)과 경중(輕重)"을 주문했다. 일처리에 있어 약간 천천히 할 것과 급하게 할 것을 구별하고 일반적인 업무인지 아니면 신중하게 할 것인지를 구별

해서 업무에 임해야 한다는 경험의 노하우는 이런 자리에서나 들을 수 있었다. 실제로 급한 일처리가 있었는데도 불구하고 천천히 해도 될 일을 하고 있는 스스로를 발견한 적도 몇 번 있어 난감한 때도 있었다.

신혼 때는 단칸방에서 전세로 살다가 아내가 국가공무원이 되면서 인천 서구 가정동에 있는 17평 아파트를 장만하게 되었다. 사무실이 부천이라 출퇴근하기가 고단했다. 차가 있다면 40분 정도에 도착하련만 대중교통을 이용하니 직선이 아니라 곡선으로 가니 1시간 30분이나 걸렸다. 평소에야 감당하지만 눈이나 비가 오는 날이면 아침 6시에 출근해야 겨우 지각을 면할 수 있었다. 이런 불편한 생활을 몇 해 하다가 부천의 복사골 건영아파트로 이사하게 되니 그렇게 좋을 수 없었다. 매번 야근할 때마다 늦어도 저녁 11시에는 퇴근해야 한다는 강박관념이 있었다. 이제 사무실도 부천이고 집도 부천이니 야근은 물론이고 비상근무도 걱정이 없었다. 아무 때나 야근할 수 있었고 아무 때나 걸리는 비상근무도 부담이 되지 않았다. 16평 아파트에 딸과 부부가 살면서 아이가 크면 집이 좁으니 조금 넓은 곳으로 가자는 아내의 말에 주택청약통장을 개설하여 몇 차례 분양아파트 접수창구에 인파 늘어진 줄 끝에 서기도 했지만 매번 당첨과는 거리가 멀었다.

그러다가 2009년에 지금의 33평 아파트에 입주하게 되는 행운을 만나게 되었다. 딸아이 초등학교 2학년 때인데 "와 우리 집 크다"며 활짝 웃었던 아이의 그 모습은 지금도 잊을 수 없다. 과장이나 팀장도 아닌 일반직원인 나도 당연히 집들이를 했다. 나와는 특별한 관계인 정보관리과(지금은 정보통신과) 직원 25명과 나와 인연이 깊은 직원들을 하루 초대하고 다음 날은 당시 근무부서인 교통행정과 직원들을 초대했다. 다음날은 아내의 친구들이 와서 집장만을 축하해 줬으며, 며칠 후 처갓집 일행의 방문으로 우리는 나흘이나 집들이를 하게 되었다. 하지만 나 때문에 50명이 넘은 인원을 감당하며 이틀을 거쳐 치른 집들이에 아내는 톡톡히 고생을 했다. 이후로는 내가 직원들을 데려올 것 같으면 아내는 밖에서 하고 오시라고 정중히 말하곤 했다. 그 후에도 세 명 정도의 일행이 몇 번은 왔었지만 최근 몇 년 전부터는 단절이 되었다. 나 역시 이후에도 남의 집들이는 겪어보지 못했다. 이제 집들이는 민폐라는 분위기와 아내들이 힘들다 하여 차츰 주변에서 사라지고 있다.

회식이건 집들이건 간에 전날에 음주가 있었다면 다음 날 오전에는 중요한 문서의 기안이나 행사점검은 가급적 오전을 피하고 오후에 하기를 권한다.

간이 회복되지 않아 정상적인 판단이 어렵기 때문이다.

무허가 건물 철거하는 날

요즘엔 보기 힘들다. 동사무소에 근무하면 특이한 업무가 하나 있었다. 무허가건물 철거. 동에 건설(건축 포함)업무가 있어 토목직이나 건축직 공무원이 한 명씩 배치되는데, 그 업무 가운데 하나가 무허가건물 단속이다. 물론 발생하면 철거하게 된다. 무허가건물 철거는 건설담당 업무이지만 혼자 철거하지는 않는다. 민원실 근무자는 제외지만 대략 5명 내외의 직원이 합동으로 철거한다.

철거업무는 심란하다. 처음 철거작업에 동행하면 꼭 없는 사람을 괴롭히는 것 같기도 하고, 이렇게까지 법집행을 해야 하나 고민하게 된다. 슬쩍 고참에게 이런 걸 물어보면 살짝 알려준다. "안 하면 징계먹어야 돼" 공무원에게 징계라는 단어는 금기어에 속한다. 징계먹었다는 의미는 일을 소신껏 추진하다 절차를 그르쳐서 지적받았다는 의미보다는, 일을 못했기 때문에 징계를 받았다는 의미로 인식하기 때문이다. 무허가건물 철거는 항공사진 촬영, 단속 공무원의 순찰,

통장이나 주민의 신고 등에 의해 시행하게 된다.

철거당하는 사람의 입장에서는 비용을 들여 만든 구조물이 며칠 지나지도 않아 적발되어 철거되는 것을 직접 보고 있어야 하니 마음이 아프다. 없는 돈 들여 만든 것이니 아픈 마음을 이해는 하지만 철거는 집행되어야 한다. 무허가건물을 지은 사람들의 행태 또한 다양하다. 재료를 다치지 않게 해달라는 경우부터 시작해서 철거과정을 옆에서 지켜보면서 공무원이 왜 남의 집을 부수냐고 욕까지 하는 경우도 있었다. 심하면 큰 개를 풀어놓아 접근을 어렵게 만드는 경우도 있는데, 직접 겪기도 했다. 산동네 어느 무허가건물을 철거하러 올라가는데, 어디선가 큰 개가 갑자기 내 앞에 나타났다. 보지도 못했는데 그 개의 앞발이 내 가슴에 대면서 개의 얼굴이 내 얼굴 앞에서 보였다. 개의 혀가 입 밖으로 날름거리고 있었다. 깜짝 놀라서 꼼짝 못하고 있는데 다행히 뒤쫓아온 동료가 개를 쫓아냈다. 저만치 집주인이 보였다.

어느 날에는 양복을 입고 출근했는데 갑자기 오후에 무허가건물 철거를 해야 한다고 해서 동행했다. 웃옷은 벗어두었지만 와이셔츠와 양복바지는 먼지를 뒤집어써야 했다. 그날 이후로 가급적 정장차림을 안 하게 되었으며, 여벌의 점퍼를 사무실에 두게 되었다. 철거하는 날은 보통의 경우 오후 3시 정도에 시작해서 오후 5시 지나야 끝난다. 이후 철거작업으로 먼지를 뒤집어썼으니 목청소도 해야 한다며 막걸리나 소주를 몇잔 들이켜곤 했다.

뒷골목 풍경

　1987년에 공직에 입문하여 부천시청 하수과에서 '시보' 아닌 '수습'
으로 발령받아 근무하다가 이듬해 남구 세무과에서 징수계 차석으
로 한 달간 근무했다. 수습 또는 시보 직급으로 계 차석을 하게 된 이
유는 당시 세무과에는 정규직 공무원보다 비정규직인 일용직, 고용
직, 기능직 공무원이 더 많았기 때문이다. 징수계는 정원이 4명이었
는데 계장이 행정 6급이고 차석인 나까지 정규직이었으며, 남자직원
한 명은 고용직이었고 여직원은 일용직이었다. 한 달간의 짧은 근무
를 마치고 세무과를 떠나게 된 이유는 내가 강력하게(?) 동으로 보내
달라고 주장했기 때문이다.

　지금이야 그런 경우는 볼 수도 없지만 당시에는 이해하기 어려운
관행이 있었다. 처음 세무과 징수계로 발령받고 계원들끼리만 회식
을 했다. 토요일에(지금은 토요일 근무는 안 하지만) 점심을 먹고 헤
어지기 전에 계장이 만원짜리 지폐 한 장을 나에게 건넸다. 나는 저

도 월급 받고 있으니 저한테 돈 주실 필요 없다며 거절했다. 돈이 어디서 났는지는 알 필요 없고 잘 쓰기만 하면 된다며 거듭 강권했다. 결국 떨떠름하게 받았다. 헤어지고 나서 일용직 여직원과 같은 정류장까지 가게 됐다. 그 여직원에게 "아까 계장님 말씀 잘 들었죠? 이 돈 대신 받으세요." 하면서 돈을 건넸다. 만원의 해프닝은 그렇게 끝냈지만 뭔가 영 개운치 않았다. 비정규직 결혼한다고 얼마 걷고, 휴가 간다고 갹출하고. 처음 공직에 들어올 때는 일반 회사와 달리 공정하고 투명한 업무추진이 강점으로 알고 있었는데, 조금씩 이상한 모습을 보게 되어 인사발령이 조만간 있다는 정보를 듣고 주무계 차석과 내 계장에게 동사무소 발령을 도와달라고 청하여 이루어졌다.

몇 년이 지난 후 인천과 부천에서 세금비리 사건이 터졌다. 전국적으로 세금비리가 적발되어 한동안 세무부서는 기피부서로 낙인찍혔다. 나는 지금도 세무과에서 동사무소로 간 결정을 내 생애 최고의 결정으로 여긴다. 계속 세무과에 있었다면 한 젊은이가 오염되어 결국 파면과 구속이라는 구렁텅이로 빠지는 사례가 되었을 것이다. 이 때부터 나는 이른바 요직에 대하여 크게 미련을 갖지 않게 되었는지도 모른다.

한 달 후 내 근무지는 남구 소사1동사무소에 직급은 지방행정서기보시보(행정 9급)였다. 결국 소사1동이 내 공직에 있어서 첫 근무지인 셈이다. 소사1동은 고향과 같다. 포근하다. 예전에는 우시장이 있었던 지역이다. 지리적으로는 시흥시로 넘어가는 길목이고 부천의 번화가에 인접한 곳이다. 도로변은 불법 광고물과 노상적치물과의 싸움터이지만 뒷골목에는 사람냄새 나는 활력이 넘치는 곳이었다. 여자아이들의 고무줄놀이를 볼 수 있었고, 남자아이들의 자전거 타기를 배우는 현장이자 미니 야구장이었다. 동네 아주머니와 할머니가 평상에서 실을 짜고 구수한 옛날 얘기를 들려주면서 골목의 아이들을 키웠다. 온 마을이 아이를 키운다는 말을 느낄 수 있었다. 지금이야 뒷골목마다 주차전쟁을 치르고 있지만 그 시절에는 주차공간이 부족하다는 말은 들어보질 못했다. 그런 뒷골목이 변했다. 더운 여름엔 수박 한 쪽을 나누어 먹던 인정과 어른을 보면 꼬박 인사하던 아이들의 예절과 공동체 정신이 넘쳐나는 장소에서 아예 다시 못 볼 추억의 장소로. 낮에는 온 마을이 아이를 키웠지만 밤에는 온 가족이 모이는 시간이다. 오늘 하루도 가족의 생계를 책임진 가장들과 직장을 가진 여자들이 해가 기울면서 직장에서 골목으로 들어온다. 간혹 상사의 불쾌한 질책에 마음 상한 이가 동료들과 상사의 험담을 안주로 하여 1차 음주를 하고 골목 초입에 있는 포장마차에서 가볍게 2차를 하고는 골목길로 들어온다. 아픈 마음 달랠 길 없어 노래 소리도 처량하다. 아는지 모르는지 골목길 보안등 빛도 가물가물거리곤 했었다.

지금은 공무원의 직급에 상관없이 많은 직원들이 자가운전을 하고 있다. 당시에는 5급 동장이나 과장 그리고 6급인 계장이나 사무장 정도만 차를 운전했다. 행여 7급이 자가운전하고 있다는 얘기만 들어도 화제의 인물이 됐고, 잘사는 계층으로 인정받기도 했다. 어느 직원은 본인이 차를 구입한 게 아니고 장모님이 사주셨다는 이실직고를 하는 바람에 한때는 돈 많은 장모님을 구한다는 농담 반 진담 반 이야기도 돌았다. 차는 '부의 상징'이었던 시절이라 '사치품'으로 분류되었으나 이제는 '생활용품'으로 분류되니 골목을 지켜본 입장으로서는 격세지감을 느낀다.

골목은 오가는 이에게도 많은 이야기를 건네고 있었고, 최소한 공무원에게도 주차공간을 내줄 만큼 인정이 있었다.

땅부자와 사업부자

나는 부자를 두 가지로 나눈다. 땅부자와 사업부자로. 이들과의 이야기다.

1987년 공직에 입문한 후 3년 정도 지났을 무렵이다. 동사무소(지금은 주민센터이지만)에는 자생단체가 있는데, 대략 10개 내외다. 통친회는 통장협의회를 줄여서 부르는 말인데, 회원 각자를 통장이라고 부른다. 몇 통장인지는 기억이 가물가물한데, 한번은 오후에 길에서 통장님을 만났다. 당시 60대 후반이지만 애주가였다. "술 한잔해!"하기에 어디에서 하자는 말인지 지켜보기로 했다. 평소에도 인색하다는 말을 자주 들었던 통장이라 술 한잔하자는 장소가 더욱 궁금해진 것이다. 아, 아니나 다를까, 명성에 걸맞게 인도한 장소는 슈퍼였다. 소주와 쥐포! 장소는 슈퍼 앞 파라솔! 두어 잔 받아먹고 내뺀 적이 있었다. 부천에서 소사동 땅을 많이 가졌으나 대부분 팔아먹고 이제 조금밖에 없다지만 그래도 땅부자로 소문난 지역유지였다.

며칠 후 사무실에서 그날의 이야기를 꺼냈더니 "그래도 너는 그런 술이라도 얻어먹었으니 행운아고, 아직 그런 술을 먹어보지 못한 직원도 있다"는 말을 듣고 땅부자는 토지에 대한 애착이 강하기에 허투루 낭비하지 않는다는 것을 알았다. 땅은 노력의 결실이고 땀 흘린 보람이 있어야 소유하게 되기에 땅부자에게 낭비는 당연 사치 품목으로 경계대상이라는 것을 알게 된 셈이다. 몇 해 지나서 그 통장 댁에 경사가 있어서 가게 되었다. 설마 경사인데 오늘도 그렇게 야박(?)한 술자리는 아니겠지? 혼자 여러 가지 상상을 하면서 일행과 도착했다. 또 깡술 먹는 게 아닌가 짐작하면서. 그런데 경사는 경사라 음식잔치가 열렸다. 안도의 숨을 쉬면서 앉으며 한마디 했다. "통장님 오늘은 진수성찬이네요!" "편하게 많이 먹어" 경사에 초대받아 가면서 음식 걱정을 한 것도 처음이었으나 편안하고 수수한 땅부자를 만나서 땅의 경건함을 배우게 된 것도 처음이었다. 한 젊은 공무원이 이렇게 성장하고 있었다.

1991년 3월 26일 초대 부천시의회 시의원 선거가 실시되어 4년 임기의 시의원 45명이 탄생했다. 소사동에서도 축제 분위기가 한껏 고조됐다. 시의원 김영일이 주민의 기대와 격려로 선량이 되었기 때문이다. 시흥에도 사업장이 있지만 소사동에서 꽤 오랜 기간 사업체를 운영하면서 지역 내 어려운 이웃돕기와 마을 발전을 위하여 많은 노력을 아끼지 않았으며, 사람을 대할 때 꼭 시골 형님처럼 허물이 없으니 누구나 좋아했다. 명절이면 어김없이 쌀과 라면을 동사무소에 보내어 어려운 이웃에게 보내달라는 부탁을 하면서도 미안하다고 말할 정도였다. 많은 이들이 그를 찾았다. 일부는 동네 좋은 일 많이

해줘서 고맙다는 인사도 있었으나 대부분 도움을 요청하는 발길이었다. 마음 좋고 얼굴 해맑은 그에게 임기 4년은 금방 흘렀다. 많은 이들이 그의 재선을 희망했으나 한번 시의원 했으면 됐다며 손사래를 쳤다. 누구는 시의원 하니까 더 해보고 싶다며 기를 쓰는데. 그가 포기한 까닭에 누군가 시의원이 되었지만 그만큼 존경 받고 주민에게 다가간 시의원이 있었다는 것은 기억하지 못한다. 내가 안 하니 남이 할 수 있는 것 아니냐는 시원한 김영일 초대 시의원! 욕심도 없고 사람만 마냥 좋은 분. 지금도 부천에서 활동하는지 모르지만 간혹 사람다운 사람 만나고 싶다는 생각이 들 때 떠오른다. 마냥 좋은 사람!

내게 욕심 내려놓기를 배워준 사람냄새 나는 사람.

언제 한번 길에서 만나게 되면 그때는 내가 한턱내겠습니다.

마을과 자생단체

아침엔 활기가 넘친다. 간혹 외국인이 한국인을 보고는 너무 표정이 없는 무뚝뚝한 사람들이라고 한다. 아침을 보지 않기 때문이다. 눈이 초롱초롱 빛나고 발걸음이 힘찬 아침을.

아침이 되면 마을은 변신한다. 샐러리맨의 출근과 학생들의 등교 시간으로 바쁜 아침이 지나가면 마을에는 또 다른 하루가 기다리고 있다. 오늘 하루를 나 혼자만의 날것의 맛으로 지내려는 나홀로족과 아줌마끼리 또는 기타나 천연공예 및 꽃차 만들기 등에 빠져 취미와 여가를 즐기는 여럿의 남녀 동아리족 그리고 주민센터에 속해 있는 자생단체족이 그들이다.

'나홀로'는 자기 삶에 진지한 사람들이다. 숨겨져 있는 나를 만나며 성찰에 여념이 없다. 간혹 일이 잘 안 풀려 스스로 포기하는 이도 있으나 오뚝이처럼 일어난다.

'동아리'는 알차다. 같은 목표를 추구하기에 삶이 즐겁다. 요즘에는 자체 회비만으로 활동하는 대신 취미와 여가 수준을 넘어 마을공동체 활성화에 기여하고자 지자체나 문화재단 등의 공모사업에 뛰어들어 활동비를 충당하기도 하는데, 그 여정이 아름답다. 동아리 중에는 아파트 부녀회가 가장 활발하게 활동한다. 부천의 상2동에 있는 하얀마을 부녀회나 백송마을 부녀회의 경우 2015년에 경기도 '따뜻하고 복된 공동체'의 준말인 따복 공모사업에도 선정되었다. 하얀마을은 부녀회를 중심으로 바리스타, 생활영어, 퀼트를 배워 평생학습의 즐거움을 맛보았다. 백송마을은 캘리그라피, 한국사, 꽃꽂이를 배웠으며 나중에 주민센터에서 공모사업을 알려주어 잘 배웠다며 고맙다는 인사도 받았다. 아울러 나중에라도 주민센터에서 알려줄 때까지 기다리지 말고 공모사업은 어디 기관이나 부서에서 하니까 수시로 홈페이지를 방문해서 기회를 잘 활용하라는 말과 함께 서류작성이 힘들면 주민센터에 와도 된다고 알려줬다. 이렇게 공모사업 주체와 수혜자를 연결시켜줄 때는 번거로운 것도 모르게 되며 퇴근길 발길은 더욱 가벼워진다.

어느 지역이나 공동생활의 대표격인 아파트에서는 입주자 대표회가 중심 역할을 한다. 그 아래 노인회와 부녀회가 있다. 간혹 아파트에서도 다툼이 있는데, 대개는 부녀회가 아픔을 많이 느낀다. 입주자 대표회와 부녀회가 사이좋은 경우에는 시너지 효과도 낸다. 아파트 외벽업체 선정시 입주자대표회가 업체와 계약할 때 입주자대표회의 임원이 남자라 서로 존중해줘야 하기에 아주 야박한(?) 금액으로 체결을 못한다. 이때 가계약 상태에서 입주자대표회가 업체에게 우리 부녀회가 금액이 너무 많다며 반대해서 계약하기가 어렵다고 말하면 일정액을 조정할 수 있다. 이렇게 누이 좋고 매부 좋은 사이로 발전하다가 무슨 일로 틈이 벌어지면 부녀회 존립이 위태로워져서 중간에 사라지게 되기도 한다. 서로 다름을 인정하면 다툴 일이 없는데. 각 단체별 특성을 살리지 못하고 서로 소통을 못한다면 같이 사는 아파트 주민끼리 나중에 서먹해진다. 부녀회는 여자고 입주자대표회가 남자라면 남자는 여자를 포용하는 게 우리네 전통방식이다.

'자생단체'는 마을에서 중심 역할을 한다. 국민운동단체와 그렇지 않은 단체가 혼재해 있으므로 자생단체라고 통칭하기로 한다. 새마을협의회는 늘푸른 마을 만들기와 지역사회 안전망 구축을 주로 하며, 새마을부녀회는 다문화 및 어려운 이웃사랑 음식 만들기와 홀몸 어르신 밑반찬 지원을 담당한다. 바르게살기는 밝고 건강한 마을 만들기를 위하여 불법광고물 정비와 금연운동을 추진한다. 한국자유총연맹은 자유수호 안보견학 및 통일준비 민주시민교육을 담당한다. 자연보호위원회는 건강자연도시 만들기와 둘레길 등 자연보호 활성화사업을 추진한다. 이들 5개 단체가 국민운동단체다.

이외에 자율방범순찰대는 주민의 안전한 귀갓길을 제공하며, 공원 등지에서 담배 피는 학생들을 계도한다. 간혹 자라나는 학생들에게 흡연은 해로운 거라며 훈계하는 과정에서 마찰을 빚기도 하는데, 순찰대원은 명예직이므로 단속권이 없다. 한마디 하고는 불응하면서 오히려 대드는 경우에도 신체를 제압해서는 안 되며, 어린 학생이 반발하는 경우에는 경찰에게 인도하면 된다. 학생들이 받아들일 때는 훈계가 아니라 부당한 참견으로 여기는 경향도 있기 때문이다. 참고로 청소년 흡연 또는 싸움 등을 목격한 경우에 대처하는 방법을 소개한다. '단순 무시형' 어른은 책임감을 느끼는 기성세대로서 어떻게 대처해야 할지 모르는 경우이고, '적극 훈계형'은 훈계하다 오히려 가해를 하거나 피해를 입는 경우로, 훈계하다 분에 못 이겨 주먹을 날리다 구속되는 수도 있다. 청소년들과의 물리적 충돌을 피하면서 훈계의 효과를 보는 경우가 '112 신고형'이다. 112 신고를 받은 경찰은 청소년보호법 50조에 따라 보호자나 학교에 통보해 해당 학생에 대한 선도 교육이 이뤄지도록 한다. 학생과의 갈등이라기보다 세대간 갈등으로 의무와 권리를 중시하던 세대에게는 권리만 주장하는 세대가 못 마땅할 때가 있어도 갈등은 조정으로 풀 수밖에 없다.

동에서 주민과 가장 많이 접촉하는 통장들이 있다. 통장들의 모임을 통장협의회라고 한다. 통장은 동의 업무를 보조한다. 자생단체 중에서 가장 큰 역할을 하는 단체가 있다. 주민자치위원회라는 단체다. 전국 읍면동 주민자치위원회가 2,862개소나 된다. 여타의 자생단체장이 주민자치위원회에 위원으로 있기도 하고 역할 또한 상상을 초월한다. 열심히 하는 경우 범위와 깊이가 끝도 없다. 주민의 삶의 질 향상을 목표로 하기에 그렇다. 지역공동체 또는 마을공동체 형성을 통하여 주민의 삶의 질 향상을 도모한다. 최근에는 평생학습과 도시재생 범위로까지 확장하고 있다. '마을이 세계를 구한다'는 말 그대로 활성화되고 자생력이 있는 단체는 주민의 존경까지 받는다.

단체에 입회하는 방법은 공개모집이나 추천으로 한다. 보통 입회하는 사람은 동장과의 면담에서 동네 발전을 위하여 이 한 몸을 던지겠노라고 말한다. 대부분 바쁘게 생업에 종사하는 사람들이다. 작은 식당, 노래방, 부동산중개업, 학교 행정실장, 대학교수, 재개발 관계자나 회사원인 경우에는 오래 활동하는 경우가 드물다. 오히려 동아리 대표, 공방, 주부, 아파트 부녀회장, 퇴직자나 학원운영 등 자유업에 종사하는 이들이 활발하게 자치활동을 한다. 단체에 처음 입회한 후에는 나름 열심히 봉사활동을 하나 이상하게도 6개월 지나면 일부에서는 나태해지고 내가 언제 주민을 위해 봉사한다고 했냐는 경우가 자주 있다. 소위 거들먹거리는 전형적인 '완장파'인데 대체로 "내가 이 동네의 유지"라고 말하는 부류이다. 시청이나 구청에 높은 사람 이름을 대면서 잘 아는 사이라고 말하며, 때로는 시장이나 군수가 나한테 형님이라고 한다는 말까지 서슴없이 한다.

이런 자생단체에서도 진흙에 묻힌 진주는 있다. 단체의 이름에 걸맞게 성실히 봉사하는 분들을 볼 때는 평소에 앉은 채로 인사하다가 이분들을 보면 일어서게 되며, 차 한잔 하시겠냐고 묻게 된다. 결국 아는 사람은 안다. 누가 성실히 봉사하는 분인지. 단체를 담당하는 공무원은 이분들에게 초점을 맞춰 계속 격려와 응원을 보내야 한다.

단체를 담당하는 공무원도 어느 단체를 맡느냐에 따라서 희비가 나뉘곤 하는데, 협조에 인색하거나 거들먹거리는 단체를 담당하는 경우 난감한 표정을 자주 본다. 동장이나 팀장도 이런 단체에 대해서는 예의주시하여 지원하고 있지만 현실적으로는 단체원도 주민이라 호불호를 표현하기가 힘들며, 간혹 문제가 있는 단체장인 경우 나름의 방안을 강구하곤 한다. 단체원이 문제가 있는 경우 조례에 위촉과 해촉의 절차를 다 담아야 하는데, 현실적으로 그렇게 하기가 힘들다. 그래도 공무원은 포기해서는 안 된다.

예를 들어 주민자치위원이 조례에 의해 위촉된 후 몇 달 지나서

자치위원이 원하는 것이 있다면 동이건 시청이건 다 들어줘야 하는 게 아니냐는 생떼를 자주 접한다. 간이 부은 게 아니라 무식한 거다. 아니 모르는 거다. 헌법이 최상위고 그 아래가 법률이고 다음 아래가 조례라는 법단계설을. 또 잊는 게 있다. 하위법은 상위법을 침해해서는 안 된다는 상위법 우선의 원칙을. 학교 밖을 나선 지 몇십 년 되니까 깡그리 잊고는 저렇게 생떼를 쓰고 있다는 것을 주지시켜야 한다. 내 경우 조례로 주민자치위원회 고문은 4명밖에 못 둔다는 규정을 알려줘도 이해 못하는 위원장과 위원장에게 동조하며 무식한 척하는 동장이 있었다. 동장이 책임질 테니 5명으로 하자는 동장의 말을 듣고 저 사람이 진짜 공무원인가 의심했었다. 아예 대놓고 "저는 조례에 어긋나서 기안을 못하니 동장 마음대로 하시든지 하시라"고 말했다. 위원장 말대로 하면 "동장과 팀장은 조례를 무시한 죄로 옷 벗고 집에 가라는 말과 같다"고 하자 더 이상 이야기가 이어지지 않았다. 모름지기 동장이라면 조례대로 해야 한다. 그런 의지도 없다면 일찍 공직에서 물러나는 게 도리다. 그래야 후배들한테도 더 이상 욕을 먹지 않는다. 행정의 최일선 기관이 동이다. 이상하게 이곳에서만 합리성이 존중되지 않는 것을 가끔 보게 된다. 서로 의견이 다르면 협의와 조정으로 해결하면 되는데 유독 동에서 만큼은 우리가 결정하면 따라줘야 한다는 말이 전국을 휩쓰는 것 같아 씁쓸하다.

조례와 법은 지켜져야 한다.

맞벌이 공무원의 허와 실

"남자가 쩨쩨하게 무슨 맞벌이냐" 예전에는 많이 들었던 말이다. 1990년대까지만 해도 남자가 결혼하면 으레 맞벌이가 아니라 외벌이였다. 남자가 가족의 생계를 책임지던 시절에 맞벌이는 남자가 못났다는 얘기로 통했다.

요즘 높은 경쟁률을 뚫고 들어온 새내기 총각 공무원에게 "자네도 남자니 맞벌이를 선호하는 건 아니겠지?" 물어보면 열에 아홉 이상은 맞벌이를 선호한다. 남자가 이렇게 생각을 달리하게 된 것은 아마도 IMF 금융위기 탓이 큰 것 같다. 건강이 우선이 아니라 돈이 우선이어야 한다는 것을 경험했으니. 더구나 빈부격차가 더 벌어지고 있다는 소식을 자주 접하고 있어 나름의 생계대책이 절실해진 것도 원인일지 모른다.

맞벌이를 하는 경우 주위에서 '가족기업'이라며 부러워하는 이야기를 자주 듣는다. 웬만한 중소기업보다 낫다는 말을 그렇게 표현하는 것이다. 최근 몇 년 사이에 맞벌이 부부의 소득이 과연 두 배냐는 기사가 몇 번 있었다. 2년 전으로 기억하는데 그때 본 신문에는 2배가 아니라 1.3배였다. 2018년 통계청 자료인 '맞벌이 여부별 가구당 월평균 가계수지'에 따르면 맞벌이 부부의 소득은 1.5배로 발표됐다. 그럼 맞벌이 부부인 경우 소득이 1.5배이니까 1은 지출하고 0.5는 저축하면 될까. 그것도 하기가 어렵다. 맞벌이인 경우 자녀가 있다면 아이 돌보는 비용과 어린이집 또는 유치원에 보내는 비용이 있다. 어디 그뿐인가. 아내의 교통비와 식비 그리고 경조사비용도 만만치 않다. 결국 소득은 1.5배이나 각종 지출로 인하여 생활은 고달프다. 가족과의 대화시간도 줄어들고 삶의 질도 그다지 나아지는 것처럼 보이지도 않는다. 이러한 이유로 일부에서는 신혼 때만 맞벌이를 하고 출산휴가 후에는 외벌이로 돌아가서 삶의 질을 높이려는 경우도 있다.

맞벌이로 얻는 것은 무엇일까. 개인의 가치 창조와 소득이라고 할 수 있겠다. 개인의 가치 창조는 내 역량을 발휘하여 사회에 기여하면서 얻는 만족이다. 가치판단은 본인의 몫이므로 해라 또는 하지 말라고 할 수는 없다. 소득이 늘어나므로 경제생활은 다소라도 풍족해진다. 외식과 영화구경 그리고 낭만 있는 휴가 등의 문화욕구 충족과 저축 등으로 재테크가 어느 정도 보장된다.

반면 잃는 것도 있다. 자녀와의 대화 부족, 부부 간의 이해도 저하, 자녀 성적, 업무와 육아에 대한 스트레스, 이런 게 삶이라는 것인가 등의 고민은 오롯이 맞벌이 부부가 감내해야 할 몫이다. 이런 복잡한 셈법이 내재되어 있기에 맞벌이는 옳고 그름의 문제가 아니라 감당할 여력의 문제인 것 같다.

내 아버지와 어머니는 4자녀를 감당하셨다. 아들 셋에 딸 하나다. 처음엔 아버지 혼자 버셨다. 나중에 어머니도 가세하셔서 우리 4명의 형제가 사회에 진출하게 만들어주셨고, 이제는 어엿한 사회인이자 중년이 됐다. 특히 어머니는 우리 네 형제는 물론이고 네 형제의 아이들 5명까지 총 9명의 아이를 도맡아 키워주셨다. 나도 남들 어머니는 아이들 두 명 정도는 너끈히 맡아주실 것으로 알고 있었는데, 요즘 양가 어머니가 있는데도 가끔 아이 있어서 빨리 집에 가야 한다는 여직원의 말을 듣다보면 양가에서 애 한 명도 맡을 수 없나 의아해하다가도 내 어머니 때의 어머니들이 참으로 무지막지한 큰 고생을 하셨다는 것을 느끼곤 한다. 결국 7형제 또는 10명의 형제를 키워낸 옛날 우리 어머니들의 정신력과 정성으로 세계 10대 경제력을 가진 나라가 될 수 있었던 것 같아 어머니의 위대함을 다시 생각하게 한다.

지면을 빌려 내 어머니에게도 감사의 말씀을 드린다.

공제회가 망한다고?

우리나라는 1997년 12월 IMF(국제통화기금)에 구제금융을 신청했다. 구제금융을 신청했다는 것은 금융주권이 남에게 넘어갔다는 것을 의미한다. 이후 3년 8개월 만인 2001년 8월에 상환하여 예상보다 3년이나 먼저 정리하여 외환위기를 극복하게 되었다. 그 기간에 가혹한 일들이 벌어졌다. 자영업자의 몰락과 기업의 연쇄부도가 잇따랐다. 이후 많은 가정의 해체와 자녀들의 가출로 몇 해를 고통 속에 보낸 이들이 많았다.

공직사회에도 예외 없이 찬바람이 불었다. 회식 자제는 기본이고 이후 집들이도 거의 없어졌다. 민간에는 금모으기 운동이 한창이었다. 금수저부터 골드바까지 다양했다. 심지어 아이들의 돌반지까지도 나왔다. 이런 노력으로 우리는 세계를 또 한 번 놀라게 했다. 외환위기 조기극복은 그런 과정을 거쳤다.

대한공제회비도 흔들렸다. 공제회비는 지방직 공무원만 가입이

가능하고 국가직으로는 경찰 등 일부만 가입된다. 금융위기의 여파로 공제회도 망할지 모른다는 소문이 돌아 흉흉했다. 받을 월급 가운데 일부를 떼서 공제회에 넣어둔 것인데, 공제회가 망하면 원금도 찾지 못하는 것 아니냐는 소문이었다. 일부에서는 해지하여 주식에 투자하거나 적금으로 갈아타기도 했다. 배우자 몰래 해지해서 유흥비로 쓴 경우도 있었으며, 어떤 이는 해외여행이나 자동차 구입에 사용하기도 했다. 주식에 투자한 경우에도 대개 끝이 좋지 않았다. 잠깐 수익이 있었는지는 모르지만 길게 보아서 성공했다는 얘기를 들은 적이 없었다. 공직을 수행하면서 재테크에 대한 공부를 별도로 하기에는 시간적 제한이 있고 재테크가 그리 만만하지 않기 때문이다.

내가 대한공제회비를 처음 납부한 것은 1987년 공직 입문 후인 1988년이다. 지금은 한도가 매월 백만원이지만 당시에는 몇만원이었다. 내가 납부한 금액은 처음에 3천원으로 시작해서 몇만원으로 늘었고, 나중에는 백만원까지 납부했다. 내가 공제회비를 계속 납부하게 된 이유는 우선 재테크에는 관심이 없었기 때문이다. 업무에 집중하여 경쟁력 높이기에도 급급했던 시절이었으니 다른 곳에 한눈팔 수 없었던 것이다. 다음으로는 언제인지 교육을 받으러 갔는데 강사가 "공제회비는 지방직의 특권이며 국가직은 가입할 수도 없다. 국가직에서 가입할 수 있는 부처는 2개 정도밖에는 없으니 지방직인 여러분은 무조건 가입하라"고 하는 말을 들었기 때문이다. 대한민국에서는 공제회비만큼 매력적인 상품이 없다는 말은 덤으로 알려줬다. 전문가가 그렇게 얘기하는데 내가 무슨 말로 반박하며, 추가할 액션이 있을까.

결국 공제회비는 나처럼 손을 안 댄 사람에게는 안정과 보람으로 다가왔다. 한눈팔지 않으니 푼돈이 목돈으로 변한 것이다. 늘 그런가 보다. 좌고우면하다보면 결정을 못 내린다. 그저 황소걸음 마냥 뚜벅뚜벅 걷다보면 목적지에 도달하게 되는 게 아닐까.

　간혹 공제회비에 한도금액을 다 붓다보면 중간에 필요한 목돈을 못 만지게 되니 불편하다는 동료를 본다. 내가 들려주는 말이다. 꾸준히 부을 금액의 한도를 정해 공제회비에 넣어서 퇴직할 때 목돈으로 받고, 중간에 필요한 돈은 적금을 1개만 부어서 3년 또는 5년 마다 필요한 만큼의 돈을 받으면 되는 게 아니냐고. 최근 공직에 들어오는 사람은 65세가 되어야 연금을 받는다고 한다. 정년퇴직은 60세인데 나머지 연금 없는 5년을 무엇으로 버텨야 하나 고민한다면 결정에 보탬이 될 것 같다.

　이래저래 공직에도 노후의 안전장치가 별도로 필요한 시기가 왔다.

꼰대라는 말에 대하여

"아, 저 꼰대!"

언젠가 상사에게 심하게 질책을 당한 동료가 한 말이다. 제 딴에는 젊잖게 말해도 알아듣는데, 인격을 무시당했다고 느꼈나 보다. 분을 삭이지 못하고 연신 쏟아냈다.

'꼰대'의 어원은 두 가지라고 한다. 첫 번째는 번데기의 영남 사투리로 주름이 자글자글한 늙은이라는 의미로도 사용하고 있는 꼰데기가 꼰대가 되었다는 것이다. 두 번째는 백작을 뜻하는 프랑스어 콩테(comte)를 일본식으로 부른 게 '꼰대'라는 것으로, 일제강점기 이완용 등 친일파들이 일제로부터 백작 등의 작위를 받으면서 자신을 스스로 '꼰대'라 자랑스럽게 칭한 데서 유래되었다는 것이다. 그것이 발전하여 작위를 받은 친일파들의 행태를 '꼰대짓'이라 말했다는 것이다. 이래저래 꼰대는 좋은 말이 아니다.

내가 꼰대라는 말을 들어본 적은 두 번 있다. 한 번은 동네 형이

나와 대화하면서 스스럼없이 자기 아버지를 그렇게 표현한 경우이고, 다른 한번은 앞서 밝힌 바와 같이 동료가 말한 경우다. 공교롭게도 학력이 짧거나 가정교육이 부족한 것을 스스로 고백하는 것 같아 씁쓸하다.

그럼에도 불구하고 꼰대라는 말에 매력을 느끼는 젊은이가 있다면 한 가지 들려주고 싶다. 2018년 6월에 2일간 저자특강을 한 적이 있다. 전국에서 온 54명의 주민자치 관계자에게 들려준 얘기다. 무슨 내용을 강의하다가 하필 꼰대라는 단어가 나왔다. "젊은이도 주민자치위원회에 들어와서 주민의 삶의 질 향상에 기여하게 발판을 만들어주어야 하며, 그래야 세대교체도 원활하게 이루어진다. 그렇지 않으면 꼰대라는 말을 듣게 되고 주민자치 역량도 떨어지게 된다. 젊은이가 노력과 배려를 하고 있음에도 불구하고 버릇없이 꼰대 소리만 하면 이렇게 대꾸하면 된다"고 말한 기억이 있다. "그래 내가 꼰대인데 젊은이도 꼰대야" 왜냐고 물으면 이렇게 답하시라고 거들어줬다. "아, 예비꼰대지!"

대한민국 남자면 의당 병역의무를 부여받는다. 전세계 유일한 분단국가인데도 불구하고 오직 남자에게만 부여되는 특권(?)이다. 현역을 마치면 예비군이 된다. 유사시를 대비한 인적 자원이다. 그래서 예비군이다. 그 '예비'라는 글자를 꼰대에다 붙인 조어다. 젊은이가 말하는 그 꼰대는 늙은이를 말하니, 말하는 그 젊은이도 언젠가는 꼰대가 되므로 예비꼰대인 셈이다. 어디 예비꼰대가 된 기분이 어떠하신가?

앞으로는 정중하고 품격 있는 말을 사용했으면 좋겠다. 주민과 국민에게 다가가야 할 사람은 무언가 달라야 하지 않을까? (여기에서도 나는 다시 한 번 신문에서 배운 바가 많다는 것을 밝히며, 이 글을 읽는 독자도 같이 동참할 것을 부탁한다. 책과 신문은 읽고 느낀 만큼 삶을 기름지게 해준다)

꼰대에게도 들려줄 말이 있다. 꼰대라는 말을 듣지 않으려면 꼰대짓 하지 않기를. 꼰대가 조직을 망치는 경우도 유의해야 한다. 꼰대의 특성으로는 내가 해봐서 아는데, 라는 '사고의 경직성'과 공감까지 추구해야 하는데 동감만을 강조하는 '공감 부족' 그리고 자신이 경험한 성공 방정식을 고집하는 '강한 인정욕구' 3가지가 있다.

이에 대한 처방으로는 혼자 결정하지 않기와 비교대상을 공정하게 하기, 즉 지금 과장인 당신의 역량이 아니라 당신의 팀원 시절과 지금의 팀원 역량으로 비교하기 그리고 꼰대인 내가 부족한 것은 무엇인지 주변에서 의견을 듣고 경청해야 한다.

이쯤 되면 꼰대도 그냥 되는 게 아니다.

기왕 되는 꼰대, 훌륭한 꼰대가 되자!

경조사

　공직에서 경조사는 사회의 한 단면을 보는 것 같아 씁쓰레할 때도 있다. 가정에서도 친인척 경조사에 신경을 쓰는 것과 마찬가지로. 지자체마다 내부전산망이 있어 경조사가 생기는 경우에는 1년 365일 공개함은 물론 때로는 근무시간이 아닌 주말에 발생할 경우 문자 공지까지 해준다. 그렇다고 전체 직원이 다 보는 것은 아닌 것 같다. 주말에 문자로 오는 경우에는 다 보게 되지만 주중에 발생한 경조사는 보는 사람만 본다고 하는 것이 맞는 것 같다. 남녀를 불문하고 공지사항을 읽지만 대체로 남자가 더 많이 본다. 남자직원은 근무시간에 −예를 들면 점심식사 후− 또는 오후 6시 일과 후에도 보지만, 여직원은 일과 후에는 잘 안 본다. 아직 가사부담이 많기 때문인데, 일과시간에는 업무에 집중하느라 시간 내기가 힘들기 때문이다.

　이와는 별도로 외부에서 알려오는 경조사도 간혹 있다. 외부기관이나 단체 등에서 보내는 것으로 어느 때는 한두 번 본 적밖에 없는데도 경조사 특히 경사에 초청장을 보내어 받는 이가 당혹해하는 모습도 자주 목격된다. 갈 수도 안 갈 수도 없는 난감한 경우다. 보내는 이 입장에서는 '서로 수인사는 했으니까' 하는 마음이겠지만.

같은 부서에 근무한 동료의 경조사인 경우 다 참여해야 할까. 물론 본인 스스로 결정하면 되지만 조사는 가급적 참여해줘야 하는 게 맞는 것 같다. 간혹 같이 근무하지도 않은 상사의 경조사에도 자주 참여하는 동료를 봤다. 그 상사가 인품이 훌륭하고 본받을 바가 많다면야 뭐라고 할 바는 아니지만 그렇지도 않은 경우에는 목적이 있는 행동이라고 할 수밖에 없다. 대개는 영전과 승진을 염두에 두고 눈도장을 찍으려는 것이다.

경조사비용이 월급에서 차지하는 비중이 얼마나 되고 또 어느 정도 회수되고 있는지 가끔 신문에 소개되기도 한다. 기억하기로는 대략 60 내지 70%가 회수된다. 그러면 경조사에 계속 참여하면 결국 30% 내외를 손해봐야 하는 게 아니냐고 반문할 수도 있겠다. 조금 더 냉정히 따져보면 본인 스스로도 100% 경조사 대상에게 성의를 표했다고는 할 수 없을 것 같다. 내 경우에도 교육이나 입원이다 해서 경조사를 놓치는 경우도 있었다. 상대방은 나한테 축하나 위로의 뜻을 보냈는데도 내가 부재중이었던 것이다. 이런 사례도 있으니 경조사에 오래 참여할수록 손해라고 딱히 말할 수는 없겠다. 심정적으로 조금 손해본다고 생각하면 되는 것이지, 경조사는 나만 손해니까 아예 문자로 오는 것만 챙기고 내부망은 볼 것도 없다고 생각할 필요는 없을 것 같다.

경조사 관련해서 찾아가는 경우가 있다. 주로 어느 시간대에 가는

지 점검해보자. 부서장이 몇 명의 일행과 가는 경우 복무규정 등에 부서장 등은 갈 수 있다는 조항이 있다면 근무시간에 간다고 해도 시간에 대한 제한은 없다. 그렇지만 이를 빌미로 해서 전 직원이 근무시간에 교대로 가도 된다는 이야기는 아니다. 경사인 결혼 등은 보통 주말이나 저녁에 치르기에 근무시간과는 무관하다. 문상이나 병문안 가는 경우 동료이니까 슬쩍 근무시간에 같이 갈 궁리를 하는 것은 권장할 만한 일이 아니다. 특히 병문안은 최근 각종 사고로 인하여 최소한의 인원만 방문할 것을 권장한다. 아울러 방문시간도 정해진 경우가 많다. 굳이 병문안 갈 의사가 있다면 근무시간을 빼먹지 말고 일과 후 방문으로 정정당당한 병문안이 되어야 한다. 병문안은 인사치레가 아니라 마음이라는 것을 기억하면 좋을 것 같다.

같이 근무하던 동료가 영전이나 승진을 하는 경우 떼를 지어 축하 인사를 간다. 진짜 축하해주러 갈까. 형식적인 인사치레가 아닐까. 부서장이 가니까 예산으로 축하물품을 구입하니 같이 가는 직원은 얼굴만 보여주면 돈 드는 것도 없고 인사는 한 거니까 그러면 된 거라고 생각하지는 않을까. 정말 친했던 동료라 축하해주고 싶다면 부서장과 갈 때 '나만의 특별한 선물'도 가져가는 게 정상이고, 아니면 '나와 너무나 특별한 동료'이니 내 업무시간 지나서 —상대방은 새로운 근무지라 업무 파악하느라 당연히 야근하니까— 가든지 아니면 저녁식사라도 밖에서 제 돈 내고 먹으며 그간의 정을 나누는 게 도리일 것 같다. 그것도 아니면 떠난 동료의 근무지에 갈 시간은 없지만 '나만의 선물' —예를 들면 책— 을 보내도 될 것 같다. 말로만 또는 형식적인 인사치레와는 이젠 작별할 때도 됐다.

경험담이다. 결혼했을 때 동 사무장이 다른 부서 사람들과 내 사무실 동료가 보내준 축의금 봉투를 나한테 전달했다. 한마디 하면서. "이건 접수하지 말고 네 주머니에 넣는 거야" 처음엔 무슨 말인지 몰랐다. 가만 보니 접수하면 내 부모님 몫이니 내 주머니에 넣었다가 신혼여행 가서 편히 쓰라는 말이라는 것을. 이후 나도 간간이 그렇게 했다. 이후 난감한 일이 생겼다. 쓰기는 잘 썼는데, 누가 얼마를 나한테 줬는지 알 수가 없었다. 쓰기에만 바빴지 누가 얼마를 냈는지 기록을 안 했다. 덕분에 아는 직원의 경조사에는 늘 신경 쓰여서 거의 다 참여했다. 나를 안다고 다들 내 결혼식에 축의금을 내지는 않았을 텐데도 말이다. 이후 내가 7급에서 6급으로 승진했을 때 또 난감한 상황이 있었다. 잘 기록해둔 자료가 근무지를 옮기면서 분실되었다. 분명 내 컴퓨터에 저장되어 있어서 동료의 승진 인사가 있을 때 잘 활용했는데, 어떻게 된 셈인지 자료가 사라졌다.

개인에 관한 중요한 내용은 항시 만약을 대비해야 한다. 공직에 있으니 업무용 개인 컴퓨터에 저장되어 있겠으나 집에 있는 컴퓨터에도 같은 자료가 있다면 나처럼 곤란을 겪는 일은 없을 것 같다.

이래저래 기록은 남겨야 좋다.

우리 곁을 떠나는 사람들

살다보면 우리 곁을 떠나는 사람이 있다. 헤어진다는 말은 왠지 서글퍼진다. 정이라도 안 들었으면 그냥 무덤덤하련만. 정이란 게 참으로 징그럽다. 공직에서의 헤어짐도 단순히 악수하고 헤어지는 것만은 아니다.

우선 이직을 보자. 정년퇴직이나 명예퇴직을 하거나 공로연수를 가는 게 아니라면 처음 공직에 들어와서 2년 이내의 기간에 그만두는 경우가 많다. 대체로 국가직과 지방직 두 가지 시험에 통과한 경우, 이상하게 지방직에 먼저 발령받는다. 몇 달 근무하다가 처음 생각했던 공직관과 맞지 않는지 사직하고 국가직으로 가는 경우를 자주 봤다. 지방직은 주민과 최접점에 있기에 주민과 접촉이 많으며 또한 자생단체 등 각종 단체를 접하게 된다. 업무 면으로도 굵직한 업무 대신에 세세하거나 새로 생기는 업무가 많다. 선출된 단체장이 민선인지라 의욕도 많아 업무에 압박을 많이 받는다. 이런 연유로 지방직에 있다가 국가직으로 옮기게 되지만 간혹 국가직에서 지방직으로 전입하는 경우도 있다. 개인의 선호도와 여건에 따라 국가직과 지방직의 장단점을 구분하는 게 좋을 것 같다. 국가직이나 지방직 중 한쪽만 합격한 경우에도 그만두는 경우가 있는데, 근무여건은 괜찮지만 공직 업무가 너무 답답하여 개성을 살리기가 어렵다는 사유가 많은 편이다. 공직은 연습 삼아 할 수 없는 막중한 일이기에 독불장군은 용납되는 분위기가 아니다. 자료가 공정해야 하며, 입증된 바가 있어야 할 뿐만 아니라 실천이 가능한 내용이어야 추진할 수 있다. "한번 해보겠습니다"라는 말은 연습 삼아 해보겠다는 뉘앙스가 묻어 있어 신뢰를 담보하기에는 부족하다. 해본 후에 성과가 별무소득이라면 어찌할 것인가. 그냥 해본 거라고 말할 수는 없지 않을까.

새내기 시절이 지나서 퇴직하는 경우도 있다. 목돈이 필요해서 퇴직하기도 하며, 누군가의 달콤한 말에 넘어가서 답답한 공직이 싫다하며 사업하겠다고 나서기도 한다. 간혹 맞벌이 여직원인 경우 공직문화에 싫증나거나 자녀교육을 이유로 십여 년을 근무한 후 그만두는 경우도 있는데, 몇 년 후 다시 정규직(공채시험)이 아닌 계약직 등으로 컴백하거나 사기업에 입사하기도 한다. 이런 경우 연금 대상자도 아니기에 대체로 일찍 그만둔 것을 후회한다(지금은 근무경력이 10년 이상이면 연금대상이나 예전에는 20년이었음).

공무원이 정년퇴직이나 명예퇴직을 한 후에 2년 정도 지나면 소식이 끊어지는 경우가 많다. 퇴직 후 몇개월 지나서 만나면 머리에 서리가 내린 선배를 보게 된다. 현직에 있을 때는 긴장감 때문인지 새치만 있는 정도였는데 그만 긴장이 풀리니까 그런 것 같다. 그런 긴장감으로 똘똘 뭉친 선배건만 2년이 지나면 소식이 끊어진다. 대체로 누구를 만나서 사업한다는 얘기가 돌다 아예 소식을 들을 수 없게 된다. 몇 년 지나서 사기꾼을 만나서 망했다는 얘기를 가끔 듣게 된다. 공직에 있을 때는 친절의무나 성실의무가 주어져 있어 민원인과의 마찰에 속이 많이 상한다. 상대가 욕한다고 해서 공무원도 욕할 수 있으면 좋으련만 정당방위(?)도 성립이 안 될 뿐만 아니라 의무위반으로 징계를 당하게 된다. 요즘 말하는 갑이 아니라 '평생 을'이다. 그런 평생 을에게 어느 날 누군가 다가와서 달콤한 이야기를 들려준다. 그동안 나라와 국민을 위해서 헌신하셨는데, 이제는 편히 돈만 버시면 되는 것 아니냐고 유혹한다. "사회 물정에 능통한 제가 선생님을 사장님으로 잘 모시겠으니 돈을 조금만 투자하시라"는 말과 함께. 결국 가지고 있던 목돈과 집을 날린다. 그것도 모자라 양가의 부동산마저 날려 말년을 비참하게 보내는 이도 있다. 현직에 있을 때 그리 총명하던 선배들이 속절없이 당했다. 꼼꼼하게 검토를 밥 먹듯 하던 선배들이.

조금은 안타까운 얘기지만 사건과 사고로도 우리 곁을 떠나게 된다. 향응이나 뇌물을 받은 경우가 대표적인데, 성실과 친절의무를 입에 달고 사는 공직자로서는 차라리 잘된 경우다. 그 공무원이 계속 같이 근무한다면 더 많은 부정과 부패가 자라고 있을 테니까. 한마디 한다면 향응이나 뇌물인 경우 과연 당사자만 알고 있을까. 절대 누설(?)되는 일이 없을까. 이런 생각을 해본 적도 없는지 답답하다. 그런 부정사례에 오염이 되면 한 번 봐주고 끝나는 게 아니라 그것이 빌미가 되어 계속 요구받게 된다는 생각을 해보면 향응이나 뇌물 등의 부정한 행위에는 아예 가까이 가거나 접근을 허락해서는 안 된다.

어느 선배의 사연이다. 세금비리에 연루되어 결국 공직을 마감했다. 다행히 주도적으로 한 것이 아니라 가벼운 벌을 받게 되었다. 그런데 불행은 그것으로 끝나지 않았다. 처음 사업으로 횟집을 운영했는데, 다행히 장사는 잘되었으나 IMF 여파로 불황이 닥쳤다. 결국 사업을 접게 되었다. 정산해보니 빚만 남았다. 몇 달 후 아내가 가출했다. 조금 더 있으니 딸아이가 학교를 가다 말다 하다 가출했다. 가족이 해체되고 거리의 낭인이 되고 말았다. 이제는 얼굴도 볼 수 없다.

행여 공직에서 그런 불미스러운 일이 있었지만 민간분야로 가면 되는 것 아니냐고 묻는 이가 있을지 모르겠다. 민간분야에서도 뒷조사는 다 한다. 왜 그 사람이 먹고살기 편한 공무원을 그만둔 것인지를. 부정에 연루된 자를 민간분야에서는 좋아할까. 참고로 남자는 향응과 돈에 약하고, 여자는 상품권과 명품에 약하다고 한다.

가장 슬프게 헤어지는 것은 사망이다. 30년 넘는 공직생활에서 10여 명이 먼 길을 갔다. 그중에 가장 많은 사례가 암이었다. 여자는 1명뿐이고 나머지는 남자였다. 가장이라는 굴레를 뒤집어쓰고 업무에 올인하면서 각종 스트레스를 다 맨몸으로 감당한다. 민원인에게는 친절로 가족에게는 다정함으로 다가가면서 제 한 몸은 간수도 못한다. 기껏해야 한 잔의 술로 스트레스를 피하려 몸부림치지만 스트레스는 없어지는 것이 아니라 축적된다. 부처가 환생하여 공직자가된다면 언제나 인자한 웃음으로 악질 민원인을 대할 수 있을까. 아마도 저녁에는 슬그머니 한잔하실 것 같다. 스트레스가 많다며. 한번은 존경받는 상사의 병문안을 간 적이 있다. 당시 과장이셨는데, 같이 근무한 적도 없었다. 그럼에도 내 이름 석 자와 후배의 고충을 다 알고 있는 듯 한마디 하셨다. 공직이 그리 순탄하지 않으나 보람은 있다고. 결국 암 앞에 굴복하셨다.

여자 팀장이 있었다. 한때는 같은 팀에서 그분이 차석이셨고 내가 삼석이었다. 직급으로는 행정 7급과 행정 8급. 상당히 성실하고 업무에 푹 빠진 분이었다. 일이 많으면 야근이나 주말 근무도 자주 했다. 차석은 팀장을 보필하고 팀원들을 아우르는 자리다. 간혹 팀원 가운데 어려운 사정이 생기거나 업무에 애로사항이 있는지 항시 살펴야 팀이 잘 굴러간다. 이따금 회식비용도 사비로 지출했다. 서로 헤어지게 되는 경우에도 잘 챙겨줬다. 업무파악도 잘하고 추진도 잘하니 상사에게도 인정받고 있었다. 하필 암에 걸렸다. 통원치료하면서도 업무에 몰두했다. 몇 년간 치료받았으나 기어코 먼 길을 갔다. 그간 얼마나 외롭고 힘들었을까. 업무에 열정적인 에너지를 쏟은 분인데. 그런 성실하고 착한 분에게 암이라는 고약한 병이 찾아오리라고는 생각해본 적이 없었다. 승승장구하여 국장까지 달겠지 하는 생각은 해봤지만. 여직원의 롤모델로도 널리 알려진 박인자 팀장님! 간혹 남자들 틈바구니에서 억척스럽게 일 잘한다는 여직원 이름이 회자될 때는 그분의 얼굴을 떠올린다. 모나리자의 엷은 미소와 닮았으며, 경청하고 배려할 줄 알았던 분.

간혹 듣고 싶지 않은 소식도 듣는 경우가 있다. 교통사고. 언제 어디에서 일어날지 예측이 불가능하다. 남녀노소를 구분하지 않기에 더욱 안타깝다. 며칠 전만 해도 저 책상에서 일하던 동료였는데….

공직에도 입문과 퇴임(퇴직)만 있는 게 아니라 생(生)과 사(死)도 같이 있다. 명예도 챙겨야 하지만 건강은 더욱 챙겨야 할 이유다.

5

인생 2막 준비하기

5장

터닝포인트

터닝포인트(turning point), 사전적 의미로는 어떤 상황이 다른 방향이나 상태로 바뀌게 되는 계기나 또는 그 지점을 말한다. 누구나 일회의 삶을 살면서 한 번쯤은 방향전환을 해야 할 계기가 온다. 나 또한 예외가 아니었다. 2011년 10월 17일부터 2018년 7월 13일까지 6년 9개월이라는 기간 동안 주민자치 업무와 직원관리를 담당했다. 주민센터만 5개소를 옮겨 다니면서도 업무는 같았다. 주민자치위원회 육성이라는 고유 업무는 내게 늘 새로움을 주었다.

그간의 업무실적으로는 2015년부터 2017년까지 3년간 전국주민자치위원회 장려상 이상 4회와 −2016년에는 내가 근무하는 곳의 위원회와 과거 근무지 위원회를 동시에 본선에 진출시킴− 2011년부터 주민자치 업무를 담당하면서 왜 자치가 안 될까 고민하던 내용을 메모하고 수시로 다듬어서 각각의 고민한 항목을 정리한 427쪽 분량의 《대한민국 주민자치 실전서》를 2016년 4월 29일 출판했다. 주민자치

분야로는 현직 업무담당 공무원이 쓴 유일한 책으로 평가받고 있다 (아직까지 주민자치위원이 출간한 책은 없음).

이를 계기로 2016년 6월 29일 서울시 관악구청에서 주민자치 강의를 처음 시작하여 현재까지 70여 회의 강의를 해왔다. 이런 강사료를 받는 외부강의와 별도로 강사료 없이 부천에 있는 36개 동 주민자치위원회를 대상으로 찾아가는 주민자치 컨설팅을 계속 진행하고 있다. 아울러 전국 지자체의 자치위원과 주민자치 담당 공무원에게도 자치역량 강화의 기회를 제공하기 위하여 전국의 주민자치 관계자가 내 근무지인 소사동 주민센터로 와서 듣는 '저자 특강'을 2017년부터 진행해왔다. 처음 시작한 2017년에는 수도권 주민자치 관계자를 대상으로 했다. 2017년 2월 15일과 16일 양일간에 걸쳐서 첫날은 공무원, 다음날은 자치위원 대상으로 강의했는데, 25명이 참석했다. 처음 하는 저자특강이라 과연 몇 명이나 올까 했는데, 30명 조금 넘게 신청하였으나 25명이 참석한 것이라 나름 의미가 있었다. 이후 7월에 2일간 개최한 저자특강에는 전국을 대상으로 확대했는데 37명이 참석했다. 11월에도 2일간 실시한 결과 82명이 참석했는데, 이때는 제주도와 부산에서도 올라와서 저자인 내가 가장 기분 좋았던 날이었다.

마침 2018년에는 행정안전부에서 주관하는 '지방행정의 달인'에 주민자치 분야가 처음으로 추가되었다. 당연히 응모했다. 어쩌면 내가 전국을 대상으로 저자특강 알림과 특강결과 공문을 여러 번 보냈기 때문에 내 존재를 의식하여 주민자치 분야는 전국에서 나 혼자만 응모했을 것 같은데. 접수받은 부서에서는 무슨 표정을 지을까 생각하니 기분이 묘했다.

이런 기나긴 주민자치 여정을 소화하고 있는 와중에 2018년 7월 9일에 인사발령 발표가 있었다. 2018년 7월 16일 자로 다른 부서의 팀장 발령이었다. 주민자치 분야를 떠나라는 얘기로 받아들여졌다. 순간 많은 장면들이 내 눈앞을 스치며 지나갔다. 처음 주민자치 업무를 담당하면서 만났던 자치위원들, 서로 공무원에 의지하는 것을 당연시하던 관치에 익숙해진 자치위원들이 나를 만나서 당황했거나 이제는 좋은 시절 다 지나갔다고, 이젠 정말 자치해야 하는구나 생각했던 사람들, 진짜 자치를 해보니까 좋더라는 사람들, 마을신문 만들어주어서 주민과의 소통창구로 잘 써먹고 있다며 고마워하는 사람들, 마을신문 만들면서 방향 잡아주어 고맙다 말했던 마을신문 기자들이 영화의 한 장면씩 스쳐지나갔다.

어차피 1960년생이라 조직에서는 가급적 1년 전에 명퇴나 공로연수를 권장하고 있어서 2019년 6월 말에 명퇴할 예정이었는데, 일정이 헝클어져 혼란스러웠다. 생활안전과 현장기동팀장으로 근무하면서 내년 6월에 명퇴해야 하는지. 그러면서 지방행정의 달인의 한 분야인 주민자치 분야에 신청한 '주민자치의 달인' 선정을 챙기면 되는 것 아닌가. 아니면, 어차피 '영원한 주민자치의 달인'은 나니까 6년 9개월 동안 쌓았던 내 주민자치 경력에 주민자치와는 어울리지 않는 '현장기동팀장'이라는 불순물(?)을 내 경력에 넣으면 안 되는 것 아닌가. 실리와 명분 사이에 고민했다.

실리를 택하면 9월에 추석 보너스도 챙기고 주민자치의 달인이라는 공식적인 명칭도 부여받을 수 있을 것도 같고. 그러면 호봉 승급

혜택은 물론이고 덤으로 해외연수도 가잖아. 내년 봄에는 공직 근무 경력 30년 넘었다고 시청에서 보내주는 해외연수도 있고, 성과상여금도 챙길 수 있으니 아내가 좋아하지 않을까. 또 연금액도 몇 푼은 오르니 생활에 도움도 되잖아. 멀리서 달콤한 목소리가 끊이지 않았다.

무슨 소리야. 인생 2막을 앞둔 사람이 어차피 인생 2막에 집중해야지 눈앞의 실리를 좇는 게 아니야! 마음이 흔들렸다.

"이번에는 내 결정을 이해해줘! 한 번은 나한테 (이기지 말고) 져줘!"

내가 아내에게 보낸 문자다. 결국 아내가 응원해줬다. 갑자기 바빠졌다. 이제 공직을 마감해야 한다. 30년 넘게 공직에 있었음에도 불구하고 그만둔다고 생각하니 허전함보다는 인생 2막에 대한 기대감이 더 다가왔다. 가장 먼저 시작한 것은 명함이었다. 인생 2막의 첫 출근 전에 새로 만든 내 명함.

만들어놓고 보니 참 예뻤다.

아내에게 핸드폰으로 새로 만든 내 명함을 보냈다. 다음 날인 2018년 7월 13일 금요일 오전, 시청 인사팀에 가서 명예퇴직원을 접수했다. 홀가분했다. 시청을 나오면서 하늘을 봤다. 파란 하늘이 맑았다. 남들은 서운한 게 많다고 하는데, 서운하기보다는 시원했다. 이제 명퇴 처리가 되면 내 어깨에 무겁게 달려 있던 모든 의무감이라는 짐들이 사라진다는 생각에 오히려 상쾌했다.

이제 내 인생의 주인공은 나야! 내가 하고 싶은 것만 해야지!

7월 16일 월요일. 인생 2막에 첫 출근하면서 할 일이 많아졌다. 먼

주민자치 현장전문가 **박 경 덕**

핸 드 폰 : 010-3390-＊＊＊＊

이 메 일 : 0208deok@hanmail.net

저　서

《대한민국 주민자치 실전서》 2016년

《공직이 그리 만만하더냐》 2018년 출판 예정

저 곧 출판할《공직이 그리 만만하더냐》의 원고부터 썼다. 원고 쓰기와 책 읽기 그리고 산책하기가 하루 일과였다. 간혹 주민자치와 관련해서 전화문의도 받고 강의요청도 받았다. 그만두셨다고 해서 여러 곳에 전화해서 겨우 통화한다는 반가운 목소리도 접했다. 내 경우 2011년부터 접한 주민자치 노하우가 책 출판에 힘입어 인생 2막에 탄력을 받고 있다. 17개 전국 시도 가운데 아직 내 발길이 안 간 곳이 8개 지역이 있다. 올해 안에는 다 내 발자국을 남길 수 있을 것 같다. 요즘 간혹 생각한다. 내가 글쓰기와 신문과 책에 다가가지 않고 주민자치 업무를 담당하지 않았다면 내 인생의 2막은 어떠했을까를. 상상만 해도 끔찍하다.

앞으로의 내 일정이다. 2016년에 만든 첫 책《대한민국 주민자치 실전서》에 이어 올해 2018년 11월에《공직이 그리 만만하더냐》를 출간할 예정이다. 내년 4월에는 약 3개월 정도 국토순례를 다녀올 예정이다. 걸어서, 살고 있는 경기도 부천에서 출발하여 인천을 거쳐서 서해안 따라 해남까지 갔다가 남해안을 섭렵한 후 동해안을 거쳐 집까지 돌아오는 일정이다. 비용은 대략 400만원을 예상하고 있다. 중간에 많은 암초가 기다리고 있을 것 같다. 그걸 극복해야 또 한 뼘 성장하겠지. 다녀온 소감으로 《박 선생의 국토순례기》를 내년 11월경에 출판할 예정이다. 다음으로는 이제 나 역시 동네 구성원이기에 주민자치위원회에 들어가서 2년 정도 자치위원으로 활동한 결과물로 《주민자치 해보니까 되더라》를 2021년에 출간하려고 한다. 결국 내 생애 4권의 책을 만들게 되는데, 이 역시 삶의 내공이 있어야 가능하리라. 결국 나는 글쓰기와 신문과 책 그리고 주민자치 업무와는 찰떡궁합이다. 젊은 시절 문청(文靑) 아닌 사람이 어디 있을까만은 나 역시 그렇다. 짬짬이 신춘문예 시(詩)부문에 응모하곤 하였으나 모든 정신이 주민자치에만 매달리게 되어 응모 시기에만 잠깐씩 시간 투자한 탓에 번번이 낙방만 했다. 이제 무거운 짐도 벗어던졌으니 등단을 과녁 삼아 또 한 번 도전하고 있다. 그래서 내 이름 석 자로 된 시집도 한 권 내고 싶다.

터닝포인트! 젊을 때는 잘 모르겠다고 치자. 남은 시간 많으니. 40대 후반의 나이부터는 고민해야 하지 않을까 한다. 세월에 순치된 삶 말고 내 의지로 사는 날것의 삶. 한번은 그래봐야 하지 않을까. 책과 신문 그리고 글쓰기는 당신을 기다리고 있다. 당신이 조금만 더 다가오면 많은 것을 줄 준비가 되었다며.

명함과 저자

명퇴 후 며칠 지나서 곰곰이 생각하니 참으로 다행이라는 생각이 들었다. 만약 내가 경쟁력이 없었다면 어떻게 시간을 보내고 있었을까. 하루 24시간이 지루하지 않았을까. 아직 노인도 아닌데 집에서 빈둥빈둥거리고 있었을 것을 생각하니 아찔했다.

인생 2막을 나도 모르게 준비한 셈이라는 걸 알고는 쓴웃음이 나왔다. 열심히 주민자치 업무를 수행한 덕분에 저절로 명함이 생겼고, 인생 2막이 즐거움으로 나에게 온 것이구나. 그간 아내가 당신은 참으로 편하게 지낸다며 "집안 살림 걱정을 하시나, 월급 가지고 빡빡한 살림 하다보면 신경 쓰는 것도 많은데 그런 걱정을 하시나. 더구나 딸이 무엇에 관심 있고 무슨 학원에 다니는지도 모르고 오직 일에만 관심 있으시니…." 진짜 밥만 먹고 집에서 나왔으니 할 말은 없었다. 말할 때마다 미안해서 그냥 대꾸 없이 지나쳤는데 '그 일에만 관심 있는' 덕분에 내 인생 2막이 즐거워졌으니 말이다.

간혹 옛날 동료를 만나는 경우도 있다. 아침 일찍 산행 다녀오다가 대면하기도 하고, 오후에 번화가 뒷골목에서 만나기도 한다. "요즘 뭐해?" "예, 잘 지내고 있습니다." 반갑게 헤어지니 다행이다. 몇 해 전 일이다. 퇴직을 몇개월 남겨두고 있었던 상사를 시청 로비에서 만났다. 퇴직하시면 무슨 일을 하실 계획이냐고 여쭸더니 준비해둔 게 없다는 말을 들었다. 표정도 밝아 보이지는 않았다. 그래도 큰 그림(노후 목표)과 작은 그림(실천사항)은 어느 정도 그려두지 않으셨냐고 재차 여쭸더니 그런 것 없다는 대답만 들었다. 오히려 월 250만 원 정도 주는데 있으면 좋겠다며, 혹시 아는 일자리 있으면 나중에라도 알려달라는 말을 남기고 헤어졌다. 몇개월 지나서 들려온 얘기로는 어느 주차장에 근무한다는 말도 있었고, 이제는 그것도 그만두었다는 얘기도 들렸다.

공무원으로 퇴직하면서 인생 2막도 1막과 마찬가지로 생업에 종사해야 하는 입장에 있는 경우에는 참 답답하겠다는 생각이 먼저 든다. 매월 250만원 내외의 연금도 나오고 그간 받은 월급으로 건물 한 동은 못 사더라도 집 한 채는 사뒀을 텐데 왜 또 정상적인 일자리가 필요한 것일까.

젊어서 시작한 사회생활은 두근거리기도 하고 달콤하다. 첫발을 내딛는 발걸음에 기운도 넘쳤다. 단지 경험부족이라는 것만 빼고는. 어차피 경험부족은 시간이 해결해주지 내 소관은 아니다. 그렇게 인생 1막을 지냈다. 열심히 일했으나 알고 보니 내 자신에 귀를 기울인 게 아니라 사회규범에 순응했고 세월에 순종했다. 50대에 접어들어 내 속에 있는 '참 나'와의 만남을 가졌다. 인생 1막에서 요직과 한직 그리고 터닝포인트의 뒤에서 따라오는 인생 2막 그리고 인생마감은 어떻게 생각할 것인지. 나와 또 다른 '내면의 나'는 그렇게 물으며 성장했다. 꽃에 비유하면 요직은 온실화요, 한직은 야생화다. 비록 야생화가 첫눈에는 볼품이 없을지 몰라도 '인내'와 '꼿꼿함'은 온실화에 비교할 바가 아니다. 온실화는 온실의 문이 열려 있으면 꽃이 아니라 쓰레기다. 돌봄이 없어지면 꽃의 가치를 상실하기 때문이다.

혹시 장군이 되면 무엇이 어떻게 달라지는지 알고 계실까. "38구경 권총·지퍼 달린 장군화… 별 달면 100가지가 바뀐다" 2014년 9월 14일 자 조선일보 제목이다. 차량제공, 전속부관, 공관병, 고액연금제공 등으로 장성에 대한 책임감과 자긍심을 고취시키고 통솔에 필요한 위엄을 갖추고자 제공되는 사항이다.

그럼 저자(著者)가 되면 무엇이 달라질까. 우선 책 한 권 내면 은퇴도 걱정할 필요가 없다. 책을 출간했다는 의미는 그 분야의 전문가라는 말과 같다. 달랑 책 한 권에 전문가 운운할 수 있을까 생각할 수도 있으나 그 '달랑 책 한 권'을 출간하려면 유사 분야를 포함한 관련 분야의 책을 최소한 30권 내외를 읽어야 하는 것은 물론이고, 여러 가지 자료수집과 혼자만의 깊이 있는 공부도 거쳐야 한다. 산고(産苦)를 겪어야 책이 세상에 나오기 때문이다. '달랑 책 한권'을 출간하는 즉시 그는 이미 '1인 기업가'가 된 셈이다. 강의와 컨설팅 요청에 이어 인터뷰와 방송출연 요청 등으로 수입창구가 자연스럽게 개설된다. 또한 강의는 또 다른 강의를 불러온다. 홍보가 저절로 되는 셈이다. 인생 1막인 현직에 있을 때 저자가 된 경우라면 더욱 좋다. 물론 외부강의에는 내부규율이 있어 활동에는 제한을 받지만, 현직에 있을 때부터 인지도 내지는 주목을 받기에 장래가 보장되고 있는 셈이다. 아울러 인생 2막용 명함을 미리 준비한 것과 같다. 인생 2막에 명함 없는 사람과는 다른 세상을 살게 된다. 직장 동료로부터 존경의 시선을 받는 것은 덤이다. 물론 축하전화나 "어, 대단한데!"라는 인사를 해주는 이는 적다. 알아주는 이가 적어도 확실히 평소와는 다른 대우(?)를 받는다. 보통 때는 인사만 나누던 상사도 가까이 와서 덕담도 건네고 어깨를 치면서 축하도 해준다.

일반적으로 학사 위에 석사 있고 석사 위에 박사 있다고 말한다. 그럼 박사 위에는 누가 있을까. 바로 '저자(著者)'다. 왜냐고? 박사라고 다 저서가 있는 게 아니니까. 그러니 저자를 존경하자. 당신은 저자가 아니니까 동의 안 하겠다고? 그럼 당신도 저자 하면 되지 않을까? '달랑 책 한 권' 쓰기도 힘들다고, 글쓰기에 소질 없다고 말하지 마시라. 누구는 처음부터 저자였을까를 생각하면 정답은 나온다. 작가만 책을 쓰는 것이 아니다. 작가도 처음에는 글쓰기부터 배웠기에, 그리고 포기하지 않았기에 작가가 된 것이 아닐까. 더구나 요즘에는 누구나 글을 쓰고 책을 출간하는 시대가 아닌가. 정 글쓰기가 부담스럽다면 글쓰기에 대한 책을 몇 권 섭렵하면 막 쓰고 싶은 욕구를 느끼게 된다. 남을 의식하지 않으면 된다.

솔직히 내 글쓰기 실력은 그다지 좋은 편은 아니다. 중심 주제를 잡고 쓴다며 쓰고 있지만 부드럽거나 자연스럽지 않은 부분이 많다. 오히려 거칠거나 잘 다듬어지지 않은 부분이 많다. 거친 맛과 날것의 맛이 있다는 것인데, 그렇다고 일부러 더 다듬을 생각은 없다. 초안을 작성한 후에 2회에 거쳐서 다듬는 것을 원칙으로 하지만 미사여

구 같은 것에는 큰 관심이 없다. 단지 내 분야에 종사한 기간과 여러 가지 책과 신문을 읽으면서 느낀 점 그리고 왜(why) 그래야 하는지를 수시로 메모한 것이 내 글쓰기의 재산이다. 하나 더 있다면 업무 관련해서 보도자료는 잘 쓰건 그렇지 아니하건 불문하고 육하원칙을 담아 자주 작성해서 제출한 것이 내게는 글쓰기 연습시간이었다.

최근에는 시골 할머니들도 한글 깨우친 지 몇 해만에 공동 시집도 내며, 많은 나이에도 불구하고 수필가로 때로는 시인으로 등단하기까지 한다. "왜 나는 안 되나?" 할 수 있는데 노력을 아끼고 있기 때문이 아닐까.

어차피 인생 1막은 온실화였다 해도 인생 2막은 야생화여야 하지 않을까.

남을 의식하지 않으면서 배짱으로 쓰자.

마지막으로 하는 행사들

2018년 2월 22일 2년마다 받는 직원 종합건강검진을 받았다. 위 내시경 등을 받았는데, 마지막 건강검진이라는 생각이 들어 대장 내시경도 받아볼까 생각하다가 포기했다. 아직까지 받은 적이 없는 이유는 내가 육식을 안 하기 때문에 굳이 받을 필요는 없다고 생각했기 때문이다. 게다가 내시경 의료사고에 관한 뉴스를 간혹 본 탓도 있다. 50세 이상이면 5년마다 받는 게 좋다고 하지만 안 받아본다고 해서 크게 탈 날 일도 없을 것 같았다. 며칠 후 녹내장처럼 보인다던 안과진료에서도 녹내장은 걱정 안 해도 되지만 눈에는 계속 신경 써야 한다는 말을 들었다. 누워서 책을 보면 녹내장 걸릴 위험이 많다는 얘기를 들어서 계속 책 볼 때는 앉아서만 보고 있다. 청력이 좌우가 차이 나고 보청기를 사용해도 될 처지라는 얘기를 들었다. 보청기를 안 써서 문제가 생기면 그때 하기로 하고 우선은 보류했다. 눈이 멀면 귀도 멀게 된다는 말이 있는데, 이제 건강관리도 신경 써야 할 나이가 된 것 같아 씁쓰레했다.

　2018년 3월 12일부터 16일까지 수안보 상록호텔에서 진행된 미래설계교육을 다녀왔다. 공무원연금공단에서 주관하며, 퇴직예정자가 참석대상이다. 같이 교육받았던 동료에게 확인하니 퇴직예정 시기에 과정을 달리해서 2번까지 교육기회를 제공하는 기관이나 지자체도 있었다. 정식 교육과정 명칭은 미래설계과정으로 대략 80여 명이었다. 전국에서 온 다양한 명칭의 기관이나 산하단체의 직원을 만날 수 있었다. 교과목은 11개로 이루어졌다. 나중에라도 참고할 것을 권하기에 과목 명칭을 소개한다. 변화관리, 자산관리, 생활법률, 세무 상식, 연금제도, 공단사업소개, 내일 찾기, 대인관계, 여가설계, 건강관리, 은퇴생활 모범사례로 이루어졌다. 그중 백미는 '은퇴생활 모범사례'의 강사인 이보규 21C사회발전연구소 소장이었다. 수필가이며 시인이고 서울YMCA위원으로 활동하고 있다. 경영지도사와 인성지도사 자격도 있는 팔방미인이다. 70세도 넘는 고령(?)의 나이임에도 불구하고 현역강사이다. 예전에 서울시한강사업본부장까지 역임하였으며 건강관리에 탁월한 분이다. 강의내용은 삶에 대해서 어제는 감사, 오늘은 만족, 내일은 희망이 있어야 한다는 것이 큰 주제다. 이를 위한 2모작 준비로는 저축하기와 제2 직업 대비하기와 노후대책이 있어야 한다고 충고한다. 2모작 전략으로는 고향(귀농) 가기와 자격증 활용한 재취업 그리고 숨겨진 재능발견을 촉구한다. 2모작이 성공하려면 건강한 체력과 알찬 실력 그리고 인맥관리에 충실할 것을 강조하는데, 언변도 구수하지만 노익장으로서 젊은이에게도 꿀리지 않는 열정을 지금도 갖고 있다는 것에 대해서 놀라게 된다. 아울러 노익장 대열에 먼저 선 선배답게(?) 자랑하지 마라, 말을 줄여라, 양보하라, 용서하라, 그러면 노년의 삶이 즐거워진다는 지혜도 들려준다. 이제 퇴직한 지 2개월이 되지만 이제야 실천하는 게 있다. '직위와 나이를 따지지 마라'다. 최근에야 느끼고 있다. 왕년에 뭐 했다, 나이도 어린 게! 노후가 즐거워야 한다면 최소한 이 두 가지는 금기어다. 위반하면 벌칙이 부여된다. 다가오던 사람마저 다 떠난다. 외로워진다. 외로움을 감수하는 게 취미라면 말릴 수는 없지만.

2018년 4월 11일. 제21회 공무원 문예대전에 응모한 날이다. 언제부터 응모를 시작했는지 자료관리가 다소 부실해서 알 수 없다. 최소한 7년 이상은 될 것 같다. 문청(문학청년) 아니었던 사람이 누가 있겠냐만 공직에 들어와서 그 고질병이 돋아났던 것은 대략 2000년이 조금 지나서였다. 짧은 분량의 글 속에서 만났던 그 희열은 지금도 남아있다. 2년 내외마다 실시하는 인사발령으로 새로 업무가 배정되면 우선 업무를 파악하고 업무능력을 높여야 했다. 매번 반복되다 보니 신춘문예 지망생들이 앓는다는 '가을병(가을을 앓는 병)' —특히 10월과 11월 초는 신춘문예 마감으로 더욱 가을을 앓게 된다.— 그때는 마감시한이 임박했기에 다소 업무에는 보통 때와는 달리 잠시 소홀(?)했다. 1월 1일 자 신문을 보고 내가 탈락한 것을 끝내 확인하고는 다시 3월까지 내년을 기약하며 시 공부에 여력을 쏟는다. 이런 식으로 신춘문예에 응모했으니 아직 예선을 통과한 적이 없다. 신문을 보고 자책한다. 아 내가 아직 멀기만 한 것이 아니라 신춘문예에 대한 예의도 갖추지 못했구나. 일정기간 —내게는 잠시이지만— 짬을

내어 응모한다고 해서 덜컥 되는 것도 아니고 시어(詩語) 찾기를 금광에서 금맥 캐듯, 아니면 임산부가 10개월의 긴 기간을 태아의 건강을 위해 몸을 보호하고, 아이의 정서 발달을 돕기 위해 음악을 듣고, 나쁜 말도 행동도 멀리하고, 안전한 출산을 위하여 노력하는 애절함 같은 것도 없었으니 낙방은 당연지사였다. 이제 퇴직을 해서 업무부담은 없어졌으니 올해부터는 새로운 마음으로 다가가리라. 여러 권의 시 짓기 기본서와 시집들이 다시 시선에 들어왔다.

2018년 5월 14일. 행정안전부에서 주관하는 지방행정의 달인 신청서를 제출했다. 작년에 처음 제출했지만 일반행정분야(제목은 '주민자치의 달인')로 접수해서 경쟁자가 많아 결국 탈락했다. 올해는 주민자치분야가 신설됐다. 덕분에 '주민자치의 달인'으로 신청하면 아예 경쟁자는 없을 것 같다. 작년에 이어 올해에도 내 근무지인 소사동에서 하는 《대한민국 주민자치 실전서》 저자특강을 한 후에 매번 전국 시군구 또는 읍면동에 저자 특강 결과를 공문으로 보내주면서 강의 자료를 첨부물로 동봉했기에 내 이름 석 자의 위세(?)에 눌려 주민자치분야에는 나 말고 감히(?) 제출할 사람이 없을 것이기 때문이다. 하지만 내년 6월 말에 명퇴예정인 일정이 1년이나 앞당겨진 탓에 신청서는 제출했지만 선정되기 전에 퇴직을 해서 자격상실이다. 이젠 공무원이 아니라 민간인이기에. 아쉽지만 마음을 달래야 했다. '제1회 주민자치의 달인'이 아니라 '영원한 주민자치의 달인'으로 남으면 되는 게 아닌가, 스스로 마음을 달래고 있다. 명예에도 집착하지 말라고 세월에서 배우고 있다. 배웠으면 남 주면 되는 게 아니냐고. 무슨 명예타령 하냐고.

2018년 7월 13일. 마지막으로 출·퇴근한 날이다. 7월 16일 자로 주민자치 업무를 떠나라는 인사발령이 있은 후에 많이 바빴다. 아내의 동의가 있고는 더욱 바빠졌다. 컴퓨터에 있는 내 자료를 정리하고 개인적인 자료는 개인 이메일로 보냈다. 캐비닛 정리도 하고 후임자에게 인수인계할 서류와 매뉴얼도 마련해야 했다. 그간 알고 지내던 많은 사람 가운데 몇 사람에게는 우선 공직을 떠난다는 인사도 하고 동료 중에 핸드폰 번호를 저장하지 않은 인생 2막에 필요한 동료를 내부망에서 검색하고 저장했다. 가장 중요한 인생 2막에 사용할 명함도 만들었다. 내친 김에 명함 정리도 했다. 7월 9일 인사발령이 난 후부터 4일이 걸렸다. 이제 오늘이 마지막 출근이라 생각하니 오히려 발걸음이 가벼웠다. 그간의 일들이 스쳐지나간다. 특히 2011년부터 주민자치 업무를 담당하며 5개 동에서 근무했지만 오늘처럼 발걸음마저 가벼운 날은 처음이었다. 소사역에서 내려서 근무지인 소사동 주민센터로 향했다. 봄에는 산수유가 길가에서 반겼고 이내 목련이 산수유를 대신해서 나를 반겨줬다. 봄과 여름 사이 붉은 장미가 꽃에도 가시가 있음을 알려줬다. 가을에는 주민센터 옆 마당에서 밤이 익어갔다.

오후 6시. 업무를 마쳐도 되는 시간이자 마지막으로 퇴근하는 날이다. 동장이 장기재직휴가 중이라 직원들과 마지막으로 경쟁력 갖출 것을 당부하며 악수하고 헤어졌다. 전날에 남자직원 4명과 술자리를 한 탓에 짧게 끝낼 수 있었다. 2011년부터 주민자치 업무를 담당하면서 새로운 근무지로 발령받을 때마다 느꼈던 아쉬움과 열정의 흔적에 대한 '석별의 정'은 유달리 적게 느껴졌다. 내가 쏟은 열정에 대한 호응이 적었던 곳이라는 느낌 때문이었는지도 모르겠다. 아니면 이제 50대 후반의 나이라 지나온 과정보다는 앞으로의 미래에 대한 궁금증이 더 많아서였는지도 모른다. 청사를 나서면서 왜 그리도 시원하다는 생각이 들었는지….

2018년 7월 16일. 서류상으로는 인사발령에 의해 심곡2동 행정복지센터로 발령 나서 근무하는 첫날이지만 마지막 퇴근일인 7월 13일에 미리 장기재직휴가 20일과 잔여 연가일만큼 휴가와 연가를 신청했기에 8월 31일까지는 근무를 안 했다. 덕분에 11월에 두 번째 책을 출간할 예정이라 계속 원고 쓰기와 강의를 중심으로 소일하고 있다.

2018년 10월에는 매년 시에서 전국주민자치박람회를 견학하기에 나 또한 갈 예정이었으나 갑작스런 퇴직으로 동료나 자치위원들하고 같이 가지는 못하게 됐다. 조금은 서운하지만 그래도 개인적으로 갈 예정이다.

청춘에 들어와서 30년이 훌쩍 넘었다. 가끔 교육이나 회의에서 예전 동료를 볼 때면 총각이던 청년이 중년으로 변한 것을 자주 목격했는데, 이젠 내가 그 역할을 하고 있다. 삶에서 공직을 선택하기도 쉽지 않지만 인생 2막에서는 한 걸음 뒤에서 내 삶의 완성도를 높이고 싶다. 세월에 휘둘려지는 삶 말고 내가 주인인 삶을.

퇴직하니 좋더라

　오해 없기를 바란다. 정년을 2년 앞두고 명예퇴직을 했기에 나이 들어서 퇴직하니 좋다는 얘기지, 조기에 퇴직하니 좋다는 말은 아니다.

　사무실에 출근을 안 하니 몇 가지 생활패턴이 달라졌다. 좋은 점으로는 하루 다섯 잔 내외를 먹던 커피의 양이 줄었다. 하루 세 잔으로. 물도 자주 먹게 됐다. 양치질도 편하게 하루 3회 이상 아무 때나 한다. 대인관계가 줄어들어도 술은 가끔 하는데, 주량을 넘게 먹어도 부담이 없어 늦잠 자는 맛도 알게 됐다. 담배 필 겸 아파트 산책이 잦아지자 경비원 아저씨와 인사하는 횟수도 늘어났다. 덕분에 옆집 아저씨들과 자주 만나게 되어 더욱 친하게 지내고 있다. 추석 지나서 한번 만나기로 했는데 그 약속도 지킬 수 있었다. 더욱 알찬 내용으로는 하루 일과에서 책과 신문 보는 시간이 늘어나서 책 보는 재미를 더 실감하고 있다. 내가 좋아하는 책을 마음 편히 읽는 재미란 참으로 고소한 맛이다. 간간이 연필로 밑줄까지 치면서 읽는 맛은 마음마저 정화시켜주는 것으로 착각할 정도다.

책과 신문에 다가가면서도 원고 쓰느라 기억을 더듬고 기록을 살핀다. 간혹 너무 간략한 기록이라 제대로 한글을 한글로 '번역'하는 해괴한 경우도 있지만 기록의 덕을 본다. 기억만으로는 한계가 있기에 일찍 메모의 습관을 들였는데, 습관의 도움을 막상 받아보니 고마움마저 느낀다. 가장 큰 희열은 자기와의 만남이다. 슬쩍 잊어버린 나를 다시 만난다는 것은 나에게 솔직해야 만날 수 있으며 조건이 없어야 한다. 잘했건 못한 일이건 간에 불문하고 저 깊은 곳에 숨겨진 '참 나'와의 만남은 그래서 귀하다. 그 귀한 만남을 요즘 내가 하고 있다는 생각에 느리게 갈 것 같은 시간이 빠르게 지나간다.

가을에 책을 출간하면 몇개월이라는 기간이 나에게 현실에서의 휴가로 다가온다. 그간 손 놓았던 시 공부로 겨울을 벗 삼아 동안거에 들겠지. 긴긴 겨울밤 잊어버린 또 다른 나를 찾아 공명과 명예와 물질을 내려놓고 빈 몸으로 빈 마음으로 시간과 공간을 잃어버리고 싶다. 공부는 내 한 몸 잘되라고 배우는 게 아니라지. 배워서 남 줘야 진국이라 하지. 누구 위에 있기 위해서가 아니라 많은 이들을 위해서 배우는 거라 하지.

퇴직하니까 나쁜 점이나 불편한 것은 없을까. 우선 대인관계가 줄어든다. 성격이 원만하지 않거나 할 일이 없다면 의기소침해져 시간보내기가 만만치 않을 것 같다. 부부가 하루 종일 같이 집에 있는 것도 큰 고역이다. 물론 내 경우에는 집에 있어도 할 일이 있기 때문에 아내와 같이 있는 시간이 많아도 서로 불편한 것이 없다. 공공도서관에서 평생학습을 실현할 목표로 2급 정사서에 이어 평생교육사 자격까지 취득하느라 그동안 아내도 바빴다. 이제 자격증을 받았으니 더 늦기 전에 현장을 경험해 봐야 한다며 부지런히 도서관 기간제 근로자 채용에 응시하지만 번번히 나이와 경력이라는 장벽에 고배를 마시는 듯하다. 아내도 인생 2막을 위해 노력하고 있는 모습을 볼 때 우리 부부의 공통점을 읽을 수 있다. 더욱이 고등학교 2학년인 딸의 훈육선생 겸 엄마의 역할도 있어 우리 내외가 이야기 할 시간도 그리 넉넉하지가 않다. 이 점에 있어서 아빠인 내가 제대로 역할을 못하고 있음을 솔직히 고백한다. 사실 아빠가 딸아이를 훈육하기엔 무리가 있지 않을까 싶다.

다음으로는 은근히 사무실이나 동료의 안부가 생각난다는 것인데, 가급적이면 생각 자체를 안 하려고 애쓰고 있다. 퇴직하기 전에 들은 말인데, 퇴직해서 갈 데 없다고 사무실 주변에 얼씬거리지 말라고 한다. 괜히 습관이 되어서 사무실에 전화하거나 누구와 통화해서 점심이나 저녁을 먹지도 말라는 것이다. 한두 번이야 그럴 수 있지만 횟수가 거듭되면 또 다른 민폐라고 들었다. 퇴직자야 시간이 많지만 재직자는 시간이 없기 때문이다. 재직자는 말 그대로 세금으로 월급을 받는 사람이니 나라 일을 해야지, 사인과의 교류에 시간을 쓰는 게 아니지 않는가.

안목이 있는 경우 재직 중에 인생 2막에 대한 큰 그림이나 작은 그림을 미리 그린다고 한다. 설령 작은 그림이야 못 그릴 수도 있지만 큰 그림마저 그리지 못하고 퇴직하면 낭패를 감수해야 한다. 나 역시 관공서 출입과 동료와 연락하기를 자제하고 있다. 간혹 친한 동료인데 전화 한 통 없으면 조금은 서운하다. 하지만 어쩌랴. 나는 이미 한량이고 그는 바쁜 공인인 것을. 내가 바쁘면 동료가 생각날까. 그러니 잊자. 나중에 우연히 만나는 기회는 온다. 그때 회포를 풀어도 늦지 않다. 동료에게도 시간을 주자. 어차피 늦게 퇴직하는 동료도 또 나와 같은 입장이 되지 않겠는가.

이제 사무실에 출근을 안 한 지 4개월이 되어간다. 슬슬 퇴직한 사실에 대해 적응이 되어가고 있는 것을 느낀다. 어느 때는 한량, '화려한 백수'라는 뜻의 화백 −화가에게는 미안하지만− 국외자, 퇴직자, 일선에서 물러난 사람, 아직 때 이른 뒷방 노인 등의 단어가 연이어 나타난다. 백세시대에 여자는 90세, 남자는 80세 정도가 평균수명(?)이라면 나는 아직도 22년을 더 살아야 한다. 최소한 딸아이 결혼도 시키고 덤으로 손자도 볼 것 같다.

요즘 어르신에게는 암보다 무서운 것이 있다고 한다. 치매. 국가가 책임지겠다고 떠들지만 그대로 믿지는 않는다. 내 병은 내가 치료해야 한다. 치매도. 슬슬 건강하게 살면서 하루 이틀 몸살 앓고 먼 길 가는 것을 희망해본다. 아직까지 건강하지도 않으면서 건강에 대해 무심했던 것을 반성하고 있다. 금연한다 하고는 흡연하고, 등산 다녀야지 하면서 등산화만 샀다. 그 등산화는 산에 갈 때 신는 것 대신 겨울에 눈 왔을 때 미끄러지지 않으려고 신고 다니니 등산화에 대한 예의도 아니었다. 그래도 이번 달에는 한 번 갔으니 다음 달부터는 자주 가야겠다고 다짐해본다.

음과 양으로 또는 밝음과 어둠으로 세상사를 많이 표현한다. 젊음은 지혜는 없지만 패기는 충만한 것이라고. 노년은 패기는 빠져나갔지만 지혜는 남았노라고. 퇴직은 직을 물러남을 의미하는 것이니 어깨에 멘 부담을 내려놓는다는 의미일 게다. 가정에, 사회에, 국가에 젊음을 바쳤으니 무거운 짐 그만 부담하라는 지상명령이다. 이제 다음 타자인 자녀세대와 세대교체 하라는 것이다. 큰 그림과 작은 그림 그렸으면 좋으련만 그렇지 않아도 괜찮다는 것이다. 내가 속하는 사회의 울타리는 가장 작은 울타리인 가정이다. 그 가정 안에 가족이 있다.

공직에서 벗어나니 지나온 일들이 스쳐 지나간다. 지방직은 봄부터 겨울까지 비상근무에 임해야 한다. 봄과 가을에는 산불비상이다. 여름에는 수해대책으로 밤잠을 설친다. 행여 장마철에는 남의 집 지하방이 침수될까 걱정한다. 마침 집에 누군가 있다면 다행이지만 부재중인 경우에는 대책이 없다. 장마와 여름휴가가 겹치면 부재중인 집은 꼼짝없이 침수당한다. 겨울에는 제설대책으로 동장군과 씨름한다. 눈이라도 내리는 날은 젊은이에게는 낭만의 계절이나 공무원은 가던 길 돌려 근무지로 향해야 한다. 언덕길과 육교 그리고 버스정류장 주변만이라도 염화칼슘을 뿌려야 겨우 안심한다.

정규직이 2명뿐인 민원실이라면 1명이라도 출장이나 교육 또는 연가인 경우에는 참으로 난감하다. 각자 업무가 있기에 민원실을 도와주라고 말하기도 한두 번이지 매번 뒷자리의 직원을 투입할 수는 없다.

몰지각한 민원인의 행패 또한 상대해야 한다. 드문 경우이나 연대책임도 있다. 대체로 부하직원의 잘못으로 발생하지만 상사에게는 직원관리 책임이 있다. 부실 상사나 부실 직원과 같이 근무할 수밖에 없는 구조이며 나 역시 잘못할 수 있기에 동료애에 걸맞은 책임도 져야 한다. 잘나도 동료이고 못나도 동료다. 동행은 함께해야 빛난다.

그런 모든 짐을 벗어버렸으니 좋을 수밖에 없다. 이제는 하고 싶은 것만 할 수 있고 하기 싫은 것은 안 해도 된다. 그간 사회생활에 이끌려온 삶을 뒤로 하고 나만의 삶이 주어졌다는 것은 새로운 발견이다. 이제 내년 봄엔 국토순례를 꿈꾸고 있다. 혼자 떠나려니 걱정이 많다. 과연 남자라도 혼자 떠날 수 있는지. 혼자여야 제 맛이 나는 게 아닐까. 미리 구입해둔 지도와 지도책이 나를 제대로 응원해줄까. 이런저런 고민이 많지만 사서 하는 고민이라 즐겁다. 이 또한 퇴직했으니 얻을 수 있는 선물일 게다.

퇴직 전부터 퇴직하면 국토순례에 나서겠다는 내 얘기를 듣고 며칠 전 아내가 책 2권을 사주었다. 아내가 친구와 무슨 이야기를 하다가 국토순례가 화제가 되어 황안나 할머니 이름마저 나왔으며, 예전에 들은 적이 있다며 나한테 알려주더니 뚝딱 주문해서는 내 앞에 나타나게 된 것이다. 땅끝마을에서 통일전망대까지 혼자 걸은 23일에 대한 내용으로 65세 할머니의 국토 종단기, 황안나의《내 나이가 어때서》와 그녀가 75세 도보여행가의 유쾌한 삶의 방식을 들려주는《일단은 즐기고 보련다》가 내 시선을 유혹하고 있다. 처음 도서검색을 할 때는 검색되지도 않았던 책이다. 제목이 국토순례가 아니니 검색이 될 까닭이 없었다(다음에 이 할머니 만나면 제목달기에 대해서 코치해주려고 마음먹고 있다). 할머니가 혼자 국토순례 했다고. 거웃기는 할머니다. 지금은 내가 원고 쓰기에 정신없어 못 읽지만 내 책이 출간되고 나면 먼저 읽어볼 요량이다.

이런 즐거움이 있다니 얼마나 좋은가.

이래저래 퇴직은 즐거움으로 가득하다.

노후와 용돈

노후에는 용돈이 얼마나 필요할까. 누구나 다다익선이라고 말하겠지만 현실은 냉정하다. 현직에 있을 때도 그렇지만 퇴직 후에도 '금융주권'은 대개 아내에게 있다. 간혹 나는 아니라고 한다면 그는 간이 큰 남자일 것이다. 노후 용돈과 관련해서 내가 기억하고 있는 —작년에 신문에서 읽은— 내용에는 두 가지가 있다. 하나는 우리나라 노인의 월평균 용돈이 50만원을 넘지 않는다는 것이다. 결국 50만원이 넘는 용돈을 쓰는 노인이라면 부자라는 얘기다. 두 번째는 어느 학회인지는 정확하지 않으나 임원급으로 있다가 퇴직 후 아내에게 매월 30만원의 용돈을 받기로 해서 2년 정도 지냈는데 도저히 안 되겠다고 하여 아내와 상의 후 20만원을 추가하여 50만원으로 올렸다는 기사를 봤다.

노후에는 대체로 현직에서의 용돈보다는 적은 금액으로 지낸다. 나의 경우 가장 큰 비중을 차지하는 항목은 두 가지다. 담뱃값과 경조사비. 경조사비용은 아내에게 따로 받는다고 하면 담뱃값 때문에 용돈의 범위가 달라진다. 담뱃값으로 한 달에 매일 한 갑을 피우면 135,000원 그리고 술값은 2회 지출하는 경우로 하면 100,000원 정도이다. 기타 문화생활 및 교통비 등으로 총 50만원 내외다. 이는 어디까지나 퇴직한 '나'만의 입장이지 '아내'에게 동의(허락?) 얻은 바는 없다. 이런 냉정한 현실을 자각하여 아내에게 빼앗긴 '금융주권'을 다시 찾아오든지 아니면 현직에 있을 때 특별한 비책을 마련할 수밖에 없다(특별한 비책에 대해서는 남자만 읽기를 바란다).

각 은행에서는 '은둔형 계좌'를 운영한다. 인터넷 뱅킹이나 모바일 뱅킹이 불가능하여 멍텅구리 통장이라고도 한다. 반드시 본인이 은행에 가야 거래가 가능하다. 아내가 월급을 관리하는 요즘 세상에 금융주권을 빼앗긴 남자에게 인기가 높으며, 비상금 관리용으로 몰래 활용할 수 있어 은행에서는 홍보도 안 하지만 남자들끼리만 구전으로 알려지고 있다고 한다.

은둔형 계좌는 은행별로 명칭을 달리하고 있다. 농협과 우리 및 신한은행에서는 보안계좌를 개설하러 왔다고 하면 된다. 국민은행은 '전자금융거래 제한계좌'로 불리며, 기업은행에서는 '계좌안심 서비스'이고, 하나은행은 '세이프 어카운트'를 개설하러 왔다고 말하면 된다.

이런 은둔형 계좌의 개설 시기는 언제가 좋을지는 아내와 상의할 수는 없을 것 같다. 결국 인생 2막 준비는 이처럼 특별한 통장 마련부터 하는 게 좋겠다고 생각하는데, 귀하는 어떻게 생각하실지 모르겠다.

공무원에게 권하는 추천도서

공직 자세

《나비의 꿈》 박상혁, 쌤앤파커스

- 축제를 준비하고 진행하던 공무원의 반짝이는 눈빛과 무(無)에서 유(有)를 창조한 '함평 나비축제' 이야기

《영원한 공직》 이수태, 바오

- 나라가 위기에 빠졌을 때나 캄캄한 암흑기를 지나고 있을 때나 끝까지 버티고 이어온 것은 거짓과 허세에 빠져 있던 권력이 아니라 겨자씨보다 작았던 그 진심을 가진 공직자가 있었기 때문이라는 내용

《사람을 쓰는 법 용인술》 김성희, 쌤앤파커스

- 2,500년 동양사회의 정신적 리더 공자에게 배우는 사람 보는 법, 얻는 법, 기르는 법

《혼창통》이지훈, 쌤앤파커스

- 누가 그들을 미치도록 일하게 만들었나? 혼 · 창 · 통은 삶과 조직의 가장 탁월한 운영원리라는 내용

《공피고아》장동인 · 이남훈, 쌤앤파커스

- 상사를 움직이고 부하를 내 편으로 만들어 조직에서도 승승장구하는 사람들의 비책

《혼자만 잘 살믄 무슨 재민겨》전우익, 현암사

- 고집쟁이 농사꾼의 세상사는 이야기

《한국인만 모르는 다른 대한민국》임마누엘 페스트라이쉬(이만열), 21세기북스

- 코리안 드림을 만드는 일은 한국인에게 달려 있다. 가족애, 다른 사람에 대한 이타적 관심, 인간적이고 사려 깊은 기술, 인본주의 전통, 세계로 열린 관점 등이 코리안 드림의 중요한 요소

경쟁력

《대통령의 글쓰기》강원국, 메디치

- 어떻게 써야 사람의 마음을 움직이는가, 사람을 움직이는 글쓰기 비법

《글쓰기 표현사전》장하늘, 다산초당

- 문장 표현의 거의 모든 것. 쓰다가 막히면 펼쳐라!

《대통령 보고서》 노무현 대통령비서실 보고서 품질향상연구팀, 위즈덤하우스

- 한국 최고의 두뇌집단은 보고서를 어떻게 쓸까?

《기사되는 보도자료 만들기》 이경희, 루비박스

- 보도자료 작성법부터 기자를 구워삶는 방법, 하나에서 열까지 현직 기자의 노하우

《컬덕(Cult Duct)시대의 문화마케팅》 서울문화재단, 미래의 창

- 같은 시대에 예술을 하는 사람이라면 지금까지의 자아중심 작품단계를 넘어 대중과의 감동과 공감을 열자는 내용

《2017 달인학 개론》 정미숙, 김경희 외 8인, 북드림

- 부천의 공무원 정미숙, 김경희 팀장과 전국 8인의 '지방행정의 달인'이 되기까지의 뜨거운 열정 이야기

《인비저블》 데이비드 즈와이그, 민음인

- 타인의 인정을 받는다는 것은 그 실제 가치보다 훨씬 과장되어 있다. 묵묵히 맡은 일에 몰입하는 것이 나를 위대하게 한다는 최고의 전문가 이야기

《작지만 강력한 디테일의 힘》 왕중추, 올림

- 지금 우리에게 절실한 것은 원대한 비전, 뜨거운 열정, 참신한 아이디어가 아니라 디테일이라는 내용

《한국인이면 반드시 알아야 할 신문 속 언어지식》, 장진한, 행담출판

- 신문을 펼치면 지식이, 읽으면 논리가 잡힌다는 내용

인생 2막

《자기사랑 노트》오제은, 샨티

• 상처받은 내면을 치유하고 행복의 문으로 들어서자는 내용

《자네 늙어봤나 나는 젊어봤네》도야마 시게히코, 책베개

• 젊은 게 어디에서 까불고 있냐는 말이 아니라 92세 지식의 거인
  이 조언하는 마흔 이후 인생수업 이야기

《늙어갈 용기》기시미 이치로, 에쎄

• 늙음은 젊음의 완성이며, 삶이 소중한 까닭은 언젠가 끝나기 때
  문이니 더 맘껏 살다 가라는 내용

《죽을 때 후회하는 스물다섯 가지》오츠 슈이치, 21세기북스

• 죽음을 앞둔 이들의 소소하지만 가슴을 울리는 깨달음들. 지금
  말하세요, 사랑한다고… 고맙다고…

《죽음 이후의 삶》디팩 초프라, 행복우물

• 죽음을 삶속에서 끌어안을 때, 새로운 창조의 신비가 열린다는
  이야기

공부머리도 일머리도 아니었지만

이상하게 눈물도 없었다. 2018년 7월 13일은 실질적으로 내게는 공직의 마지막 근무일이었다. 6급 행정팀장 시절 처음 심곡3동에서 떠날 때, 원미2동과 상2동에서 다른 곳으로 떠날 때는 마음 한 구석이 먹먹했었다. 결혼해서 이제 신혼살림 한다는 기대감 대신 이십여 년을 부모님 슬하에 있다가 떠나는 자식의 심정과도 같았다. 앞으로는 자주 오지 못한다는 그런 아쉬움이. 마지막 날도 그러겠지 생각하며 출근했다. 소사역에서 내려서 사무실 가며 길가의 친구들과 작별 인사를 했다. 이제는 여기 올 일 없다며, 봄이 왔음을 알려주던 산수유와 마을 골목길 초입에서 동네 희로애락을 다 알고 있으며 언제든 의지처가 되어주겠다는 목련나무를 지나자 장미가 맞아주었다. 그래도 내년 5월에는 오시라며. 사무실 옆에는 밤을 잃은 밤나무가 당당히 맞이했다. 잃어버린 게 아니라 유용할 양식으로 당신네에게 준 것이니 올해의 내 소임을 다한 거라고 항변하는 것 같았다.

일 년만 지나면 정년 전 명예 퇴직할 요량이었는데, 7년여를 주민자치 업무에 종사했건만 졸지에 상급기관으로 영전되었다. 기존의 주민자치 업무에서 떠나라는 것이다. 순간 당황했다. 아내의 도움으로 크게 흔들리지 않고 마음을 정리했다. 내 공직 유효기간이 종료된 것으로 받아들였다. 전방에 있는 군인을 후방으로 보낸 격이라고 생각한 것도 접었다. 적재적소의 인사원칙도 모르면서 인사담당을 하고 있지는 않을 것이다. 또한 특정 분야의 전문가로 있는 것을 시기, 질투하거나 태클을 건 것도 아닐 것이다. 그렇게 졸렬하거나 속 좁지 않은 공직이니까.

돌이켜보면 원 없이 근무했다. '공부머리'도 아니요 '일머리'도 아니었다. 오히려 딱 '중간머리'였다는 게 맞는 표현이리라. 요직에 기웃거리지도 않았고 상사에게 다가가지도 않았다. 오히려 업무에 다가갔으며 주민에게 중심을 맞췄다. 덕분에 경쟁력을 갖췄다. 남 보기에는 한 분야에 오래 있으면 누구나 전문가가 되는 게 아니냐고 말할지 모르겠다. 아니면 운 좋게 경쟁력이 착! 달라붙었다고 할지도 모른다. 사실 동의한다. 정말 운이 좋았다. 주민자치 업무에 종사하면서 책을 냈고 강의를 다니게 되었으니 말이다. 경쟁력을 갖추기 위해 노력한 것이라곤 특별한 것도 없었다. 우선 자료정리를 보면 자주 찾는 사이트는 컴퓨터에 즐겨찾기를 구성했다. 큰 폴더 안에 작은 폴더를 몇 개 만들었다. 신문이나 책에서 본 내용 중에 나중에라도 다시 볼 요긴한 자료도 그렇게 만들었다. 간혹 의문이 생기는 것은 간단하게 메모했다. 한 문장이나 두 문장이었다. "왜 업무편람을 안 만드나", "중간에 그만두는 사람도 있던데 왜 공직에 들어오려고 기를 쓰나", "왜 책을 안 보는가", "왜 상사말을 다 들어야 하나" 등이다. 이런 의문을 가진 덕분에 '요직과 한직' 등의 소제목(꼭지라고도 함)이 탄생하게 됐다. 메모의 습관이 글 쓰는 습관으로도 발전했다. 남들은 보도자료를 쓸까 말까 주저할 때 나는 업무를 추진하면서 −6급 행정팀장 시절− 일 년에 최소한 50건 이상의 보도자료를 썼다. 많은 경우 70건이 넘어 취합하는 홍보실 직원의 눈총(?)까지 받았다. 그래도 보도자료가 없는 날에는 내 것이라도 있으면 고맙다는 말도 들었다. 그 이후 한글 맞춤법에 조금 더 다가갔다. 대충 쓰던 글 버릇이 진지하게 바뀌게 되었다. 글 쓸 때 초고의 자유를 인정했다. 잘 쓰려고 할수록 이상하게 문장이 꼬이는 것을 경험해본 적이 있다면 알 것이다. 여기에 열정을 보탰다. 문서작성에서 시작하여 계획서로, 계획서에서 주요업무보고로, 마지막 종결은 보도자료 작성으로. 이렇게 과정의 확장을 업무에 적용시켰다. 주민자치를 시점으로 해서 평생학습을 찍고 도시재생을 돌아 글쓰기와 인문학을 맛보았으며 심리학과 발표력에도 관심을 가졌다. 내 경쟁력의 노하우다. 메모에서 시작하여 기록으로 발전했다. 노하우라 해도 아무나 할 수 있어서 특별하지도 않다.

이 책에는 5인의 추천사가 있다. 어쩌면 수많은 책 가운데 추천하는 이가 가장 많은 책으로 기록될 것 같다. 2명의 민간인과 3명의 현직 공직자다. 하필이면 시도지사부터 시의원까지 높은 분은 한 분도 없다. 작정했다. 그분들이었다면 얄팍한 판매 전략에도 보탬이 되었을 것이나 일부러 피했다. 내가 현직도 아니겠거니와 내 체질에도 맞지 않는다. 여러분과 마찬가지로 나는 온실화가 아니라 야생화니까.

2명의 민간인 중에 이철기 분과장은 처음엔 주민센터 기타교실 수강생 겸 총무였다. 기타교실 내력을 정리하려고 알려줄 수 있냐 했더니 A4 용지 한 장을 가져왔다. 언제 개설되었는지, 어떤 상을 수상했는지도 적혀 있었다. 그래서 '주민의 삶의 질 향상'에 이바지하는 주민자치위원회에 들어오면 보람도 더 커진다는 꼬임에 넘어오게 됐다. 먼저 주민자치를 배운 방연순 위원장이 자치하는 위원회를 구축한 후 함께 자치학습에 몰입하여 대한민국 주민자치 업계(?)에서 가장 큰 대회인 전국주민자치박람회 신청서를 스스로 작성하고 서류도 꾸며서 낼 정도로 성장했다. 상2동이 전국주민자치박람회에 4년 연속 진출한 ─그것도 4개 분야를 4년 만에 통과─ 것은 전국 최초의 기록이다. 그런 성과의 주인공이다.

김연순 시인은 원미2동의 주민자치위원으로 있으면서 글쓰기교실 수강생이었다. 마을신문 〈원미마루〉 기자로도 활동하다가 예산이 안정되지 않아 3개월마다 진짜로 신문을 발간할 수 있는지 의문이어서 신문 만들기 힘들 때 만났다. 그래서 시의원을 설득하여 우선 추경편성으로 한 해를 버텼고 다음 해에는 본예산에 편성되게 만들었다. 이후 중단 없이 신문을 발간하게 되었다. 공무원이 관심 가지고 응원하면 안 되는 게 없다는 것을 체험하게 되어 나로서도 공직의 매력에 푹 빠지게 되었다.

3명의 현직 공무원 또한 나보다 훨씬 훌륭한 분들이다. 2017년 '지방 회계제도 개혁의 달인'으로 선정된 부천시 정미숙 팀장은 복식부기 회계프로그램 개발에 기여한 공이 크다. 정확한 사용료·수수료의 원가계산을 통한 세외수입 증대를 이루었다. 그녀가 한 말이다. "60여 년간 적용해온 회계제도를 바꾸는 것은 결코 쉽지 않았다. 아직 여성 공직자로선 근무 여건 때문에 자기계발에 소홀하게 된다고 여기는 경우가 있다면 한마디 해주고 싶다. 성장통 없는 성장은 없는 거라고"

2017년 '실시간 버스 배정 시스템, ITS의 달인'으로 선정된 부천시 김경희 팀장은 또 어떤가. 전국 최초로 실시간 동적 버스정차면 배정 시스템을 도입하였으며, 버스정보안내기 특허 취득 및 보급으로 시민 대중교통 대기시간을 감소시켜 2015년 기준 25억원의 편익을 발생하게 만든 주인공이다. "세상에서 가장 값진 금은 '지금'이며, 귀머거리 3년, 봉사 3년, 벙어리 3년은 공무원 생활에서도 필수이나 공무원이 변해야 우리나라도 변한다"고 말한다.

제19회 '민원봉사대상'을 수상한 박진호 충북 청주시 청원구청 세무과장은 열정의 아이콘이다. 35년간 공직생활을 하면서 전국 최초로 '지방세 ARS시스템'을 창안해 현재 150개 지자체에서 도입하여 사용 중에 있고, 또한 20년 동안 방치하다시피한 자동차 주정차과태료를 특별징수TF팀을 구성하여 반발과 역경을 무릅쓰고 체납액 10억원을 징수하여 민원현장에서 주민편익의 증진을 위해 헌신 봉사하고 나눔 활동과 선행으로 귀감이 되었음을 인정받은 분이다.

이런 5인의 열정 넘치는 분의 이야기를 담고 싶어서 추천사를 꼭 써달라고 간청했다. '5인의 작은 영웅' 이야기를 나 혼자만 알고 있기에는 너무 억울했다. 더구나 공직을 마감하면서 그분들을 만났다는 것은 내겐 행운이라고 생각한다. '5인의 작은 영웅'의 뒤안길은 나보다 더 험난했을 것으로 보인다. 그 긴 뒤안길은 땀과 눈물로 뿌려졌을 것이다. 이제 작은 위로나마 보내게 되어 다행이라고 생각하며, 알게 되어 영광이었다는 말을 전하고 싶다.

박경덕

참고문헌

○장진한, 2011, 《한국인이면 반드시 알아야 할 신문 속 언어지식》, 행담출판

○임마누엘 페스트라이쉬(이만열), 2013, 《한국인만 모르는 다른 대한민국》

○전우익, 1993, 《혼자만 잘살믄 무슨 재민겨》, 현암사

○데이비드 즈와이그, 2015, 《인비저블》, 민음인

○도야마 시게히코, 2015, 《자네 늙어봤나 나는 젊어봤네》, 책베개

○김동현, 2016, 《담담하게 걷고 뜨겁게 뛰어라》, 북스토리

○전기보, 2013, 《은퇴후, 40년 어떻게 살 것인가》, 미래지식

○장영희, 2000, 《내 생애 단 한번》, 샘터

○이수태, 2013, 《영원한 공직》, 바오출판사

○김경희 외 9인, 2017, 《2017. 달인학 개론》, 북드림

○이경희, 2006, 《기사되는 보도자료 만들기》, 루비박스

○장하늘, 2009, 《글쓰기 표현사전》, 다산북스

○이승환, 2009, 《거친 밥 한 그릇이면 족하지 않은가》, 이가서

○오종원 외 3인, 1999, 《간추린 인천사》, 인천학연구소

○토니야 레이맨, 2011, 《몸짓의 심리학》, 21세기북스

○최철미, 2015, 《아빠, 아버지》, 영문

○김정현, 2002, 《아버지》, 문이당

○박범신, 2005, 《남자들, 쓸쓸하다》, 푸른숲

○안수찬 외 3인, 2010, 《4천원 인생》, 한겨레출판

○그레첸 루빈, 2016, 《나는 오늘부터 달라지기로 결심했다》, 비즈
   니스북스

○마리오 바르트, 2005, 《남자들은 절대 모르는 여자의 언어》, 이레

○비요른 쥐프케, 2010, 《남자심리지도》, 쌤앤파커스